학생맞춤통합지원의 이론과 실제

- 작은 신호 큰 울림 -

저자 이경미

서문(序文, Preface)

"교육은 사회를 재생산하는 가장 위대한 장치이자, 동시에 사회를 변혁시키는 가장 강력한 수단이다." (P. 부르디외) 오늘날 학교는 그 어느 때보다도 다층적·복합적인 과제에 직면하고 있다. 코로나 팬데믹 이후 심화된 학습격차, 청소년 우울과 자살 문제로 표출되는 정서적 불안, 돌봄 공백과 가정의 경제력 격차에서 비롯된 불평등은 학생 개개인의 삶을 압박하는 중요한 요인으로 작용한다.

교실 내 학생은 단순한 학습의 주체를 넘어 미래 사회의 주체로 성장해야 하는 존재다. 이러한 현실은 학교와 교육이 더 이상 '교과 지식의 전달'에 국한될 수 없음을 방증한다.
모든 교육 문제를 못의 문제로 보는 것은 망치든 사람의 인식 오류다. 교육 현상을 한 가지 도구나 지침만으로 해결하려는 시각은 현실의 복합성을 오히려 왜곡할 수 있다. 이는 복잡계 이론으로도 해결하기 어려운 난제이며, 교육이 새로운 패러다임을 모색할 필요성을 강하게 시사한다.

따라서 교육 현장은 단순한 수업이나 행정 절차를 넘어, 학습자 개개인의 삶과 이를 둘러싼 사회적 자본 및 맥락을 통합적으로 고려할 수 있는 체계적·전략적 사고를 요구한다. 교육이 더 이상 사회적 계층 이동성을 충분히 보장하지 못하는 현실을 인식하며, 본 저서는 이러한 문제의식에 기반하여 기획되었다. 교사와 교육행정가, 교육복지 담당자 모두에게 세계 경제규모 10위권에 걸맞는 교육의 본질과 지향을 새롭게 고찰하고 모색할 수 있는 학문적·실천적 기회를 열고자 하였다.

바로 이 지점에서 학생맞춤통합지원 정책의 의의가 드러난다. 이는 단순한 복지제도의 확장이 아니라, 교육의 본질적 책무, 곧 모든 아동이 배움에서 소외되지 않도록 하는 사회적 책임을 제도적으로 완성하는 과정으로 이해될 수 있다. 개별 학생의 학습 결손 회복을 넘어, 심리·정서·가정·지역사회 요인을 아우르고 필요한 자원을 연계하는 '전인적 접근'은 오늘날 교육이 지향해야 할 필요·충분조건이다.

역사적으로 교육복지는 사회적 약자의 학습권 보장에서 출발하였다. 그러나 오늘날 해당 법과 정책은 이를 넘어 모든 학생이 자신의 잠재력을 발현하도록 지원하는 포괄적 교육 패러다임으로 발전하였다.
영국 토니 블레어 정부가 도입하였던 「Every Child Matters」 정책이 '모든 아이는 중요하다'는 철학 아래 교육·복지·보건을 통합하였던 것과 같이, 대한민국 사회 또한 이제 제도와 현장을 아우르는 체계적 모델을 요구받고 있다.

저자는 광명교육지원청에서 교육복지조정자로 근무하며, 현장에서 많은 아동을 만나왔다. 그 과정에서 학생맞춤통합지원 정책의 의미와 과제를 체감하였다. 학업을 포기하려던 위기의 학생이 지역의 상담·치유 프로그램을 통해 다시 교실로 복귀하는 순간, 돌봄의 사각지대에 있던 아동이 방과후 활동을 통해 자신감을 회복하는 장면은, 이 정책이 추상적 구호에 머무르지 않고 실제 학생의 삶을 변화시키는 원천임을 잘 보여 준다.
오늘날 교육 환경은 정보의 홍수와 불확실성 속에 놓여 있으나, 그 속에서 나타나는 작은 변화들은 곧 우리 교육의 미래를 새롭게 디자인하는 씨앗으로 작용한다.

이번에 발간된 『학생맞춤통합지원의 이론과 실제』는 현장 경험과 학문적 논의를 아우르려는 시도로, 법과 제도의 취지를 충실히 해석하는 동시에, 현장에서 맞닥뜨린 실제 사례와 실천적 과제를 담고자 하였다. 본 저서는 단순한 정책 해설서가 아니라, 교사·교육행정가·교육복지 담당자가 함께 공유할 수 있는 지적·실천적 좌표이자, 교육현장과 교원사회 정서에 강한 소구력을 발휘하는 학문적·실천적 담론의 장이 되기를 기대한다.

교육사회학자 존 듀이는 "학교는 단순한 준비의 공간이 아니라, 곧 사회 그 자체"라고 하였다. 학생맞춤통합지원은 학교를 다시금 '작은 사회'로 세우는 과정이다. 교실이라는 작은 공간에서 한 아동의 목소리를 경청하고, 그 필요를 적시에 연결해 주는 일은 단순히 개인의 문제가 아니라 사회적 감정을 공유하며 공동체 전체의 복원력(復原力)을 강화하는 일이다. 이는 곧 모든 아동이 행복한 '포용적 사회'로 나아가는 디딤돌이 될 것이다.

저자는 "용의 씨는 골고루 뿌려진다"는 가설을 굳게 믿는다. 아동 한 명, 한 명에게는 저마다의 가능성과 보석 같은 잠재력이 있으며, 교육은 그것을 발견하고 키워내는 숭고한 사회적 실천이다. 『학생맞춤통합지원의 이론과 실제』가 그 길을 향한 작은 등불이 되기를 간절히 소망한다.

끝으로, 본 저서가 출간되기까지 물심양면으로 격려와 지원을 보내주신 경기도교육청 조순옥·손지원 사무관님·정재호 주무관님, 충현중학교 김상도 교장선생님·정숙희 교감선생님, 안현초등학교 정효숙 교감선생님, 광명교육지원청 김서현·문정은 장학사님, 레가토 미래교육 정선희대표님, My Art 박문영 대표님, 언어치료사 최진희 선생님께 깊은 감사를 드린다. 무엇보다도 현장에서 학생들을 위해 묵묵히 이 정책을 실천해 온 분들의 헌신이야말로 학생맞춤통합지원의 참된 기반임을 밝힌다.

2025. 10. 30

저자 이 경 미

추천사

김영배
성결대학교 교수
지속가능경영학회장

『학생맞춤통합지원법의 이론과 실제』는 단순한 정책 해설서가 아니라, 우리 교육이 나아가야 할 방향을 제시하는 실천적 지침서다. 오늘날 학교는 학습격차, 정서적 불안, 돌봄과 경제적 양극화라는 복합적 난제를 동시에 마주하고 있다. 이 책은 이러한 현실을 단순한 교과 전달의 한계를 넘어, 교육복지와 학생 맞춤형 통합지원이라는 새로운 패러다임 속에서 풀어내고 있다.
저자 이경미 선생님은 광명교육지원청에서 교육복지 현장을 오랜 시간 지켜온 전문가이다. 수많은 학생과 가족을 직접 만나며, 제도의 한계와 가능성을 누구보다도 치열하게 체감해 왔다.

따라서 이 책은 책상 위에서 나온 논의가 아니라, 실제 아이들의 삶을 바꾸어낸 경험과 사례에서 길어 올린 지혜와 통찰로 채워져 있다. 학생이 교실로 돌아오는 작은 기적, 돌봄 사각지대에서 웃음을 되찾은 아동의 변화는 저자가 현장에서 확인한 살아 있는 증거다.
특히 주목할 점은, 이 책이 학생맞춤통합지원 정책을 단순한 복지 확대가 아닌 '전인적 접근'으로 해석한다는 점이다. 학습, 정서, 가정, 지역사회를 연결하는 통합적 지원체계야말로 21세기 교육의 핵심적 과제다.

영국의 「Every Child Matters」 정책이 모든 아이의 삶을 국가적 책무로 선언했듯, 우리 사회 또한 이제는 "한 아이도 뒤처지지 않는 교육"을 제도적으로 구현해야 한다. 이 책은 그러한 도전 앞에서 학문적 근거와 실천적 해법을 동시에 제시한다.

이 책이 교사와 교육행정가, 교육복지 담당자에게 지적·실천적 좌표가 되어줄 것이라 확신한다. 학생 한 명, 한 명 속에 잠든 가능성을 발견하고 키워내는 일은 단순한 교육활동이 아니라 공동체 전체의 회복력을 강화하는 일이다. 저자가 믿는 "용의 씨는 골고루 뿌려진다"는 가설은 곧 교육이 지향해야 할 철학적 신념이자, 우리 사회가 나아가야 할 방향이다.

이 책은 교육안전망의 새로운 지평을 열어가는 실천적 선언문이다. 독자들이 더 나은 교육공동체를 일구는 데 깊은 울림과 영감을 얻기 바란다.

추 천 사

차동춘
진성고등학교 이사장

교육은 언제나 현실 속에서 질문을 시작한다. 이 시대의 학교는 과연 모든 아이에게 안전한 배움의 공간이 되고 있는가. 제도는 아이들의 삶에 얼마나 닿아 있는가. 『학생맞춤통합지원법의 이론과 실제』는 이러한 질문에 진심으로 응답하려는 시도의 결과물이다. 이 책은 단지 한 정책의 이론과 사례를 소개하는 데 그치지 않는다. 교육의 본질, 교육복지의 방향, 그리고 학교가 사회 안에서 어떤 역할을 수행해야 하는지를 성찰하도록 이끈다.

저자는 교육복지조정자로서 오랜 시간 아이들의 곁을 지켜왔다. 책 속에는 수많은 위기 학생과의 만남이 고스란히 녹아 있다. 학업을 중단하려던 한 학생이 지역의 상담 프로그램을 통해 다시 교실로 돌아오는 이야기, 돌봄의 사각지대에 있던 아이가 방과 후 활동으로 자존감을 회복하는 순간들. 이러한 사례는 이 책이 단지 추상적인 담론이 아니라, 실제 학생의 삶에 발 딛고 있는 기록임을 증명한다. 법과 제도는 이러한 삶의 변화 속에서 그 의미를 갖는다.

'학생맞춤통합지원'은 특정 집단을 위한 복지정책이 아니다. 이는 교육이 모든 아이의 가능성을 포기하지 않겠다는 공동체의 선언이며, 교육의 공공성과 회복력을 지키려는 사회적 실천이다. 이 책은 그 선언을 제도적, 현장적 언어로 풀어내며, 교육이 나아가야 할 새로운 방향을 제시한다. 전인적 접근, 지역사회 연계, 맞춤형 지원이라는 키워드는 이제 선택이 아니라 필수가 되었다.

이 책은 교사, 교육행정가, 교육복지사 모두에게 의미 있는 통찰을 제공한다. 각자의 위치에서 아이들을 바라보는 관점을 다시 세우고, 서로 연결된 역할 안에서 협력할 수 있도록 돕는다. 특히, 현장과 정책이 따로 노는 현실 속에서 이 책은 두 세계를 잇는 가교 역할을 수행한다. 교육복지를 공부하는 사람에게는 체계적인 개념 정리를, 실천가에게는 생생한 사례를, 정책을 고민하는 이에게는 제도 설계의 단서를 제공한다.

존 듀이가 말했듯, 학교는 단순히 미래를 준비하는 곳이 아니라 곧 사회 그 자체이다. 이 책은 학교가 다시 '작은 사회'로 기능하기 위해 무엇을 고민해야 하는지를 보여준다. 단 한 명의 아이도 뒤처지지 않도록 돕는 일, 그것이 교육의 가장 근본적인 윤리임을 이 책은 조용하게 그러나 단호하게 말하고 있다.

교육의 패러다임이 바뀌고 있다

김기연
전)평택교육지원청 교육장
청렴강사

1945년 8월 15일 광복 당시 우리나라 국민의 문맹률은 77.8%에 달했으며, 국민소득은 통계조차 잡히지 않을 정도로 세계 최빈국 수준이었다. 1963년 2월 1일 개장한 장충체육관은 당시 한국이 건설 기술과 경험이 부족하여 필리핀 기술진의 도움을 받아야 했으며, 당시 한국의 1인당 GDP는 78달러, 필리핀은 584달러에 달했다.

그러나 현재 우리나라는 대학 진학률이 84.48%까지 정점을 찍고 70% 후반대에 머물며, 세계 경제규모 10위권 안팎의 경제대국으로 성장했다. 한류와 K-컬처는 우리가 아는 대로다. 학부모의 교육열은 세계적으로 독보적이며, IT 기기 등 첨단 교육자료와 교육 인프라는 OECD 국가 중 하이 클래스다.

그러나, 교육의 외형적 발전과 달리 내부에는 심각한 결함과 그늘이 존재한다. 지난해 초·중등학교 공교육비는 92조 원인 반면, 사교육비는 29조 2천억 원에 달한다(통계청). 17개 시도교육청에 등록된 대안교육기관은 259곳, 미인가 대안학교는 약 400곳으로 추정되며, 매년 약 5만 여명의 청소년이 학교를 떠나고, 학교 밖 청소년은 14만 6천 명에 이르는 등 우리 사회의 교육 생태계는 심각한 위기에 직면해 있다(여성가족부). 마약은 독버섯처럼 청소년을 유혹하고, 청소년들은 자기도 모르는 사이에 제 몸이 음란물로 세상에 노출되고 있다.

무엇보다 학생들의 도덕성, 행복감, 교사에 대한 존경심 등 사회적 정신 자본은 부탄이나 방글라데시만도 못하다. 한 시민단체 설문에 따르면, 고교생의 56%, 중학생의 37%가 '10억 원을 준다면 감옥에 갈 수 있다'고 응답했다. 이대로라면 우리 사회는 외형적 성취와 첨단 인프라 뒤에 숨은 인간적·윤리적 기반의 붕괴를 목도하게 될 것이다. 실로 누란(累卵) 위기다. 이는 머지않아 천문학적 사회적 비용의 청구서가 날아올 것이다.

이경미 저자의 『학생맞춤통합지원의 이론과 실제』는 이러한 상황을 예방하고 치료할 수 있는 백신과도 같다. 학생 개개인의 초·중·고 시기 전 과정을 사회적 책무와 연결하며, 학생을 가르치는 주연·조연·주변인 모두에게 명징한 안내서이자 처방전이 될 것이다. 오늘도 전국의 학교에서 학생맞춤통합지원 체계구축을 위해 헌신하는 관계자들의 노고에 감읍(感泣)한다.

목 차

제 1 장 17

    Ⅰ. 교육복지의 개념
    Ⅱ. 교육복지 이론의 역사와 발전
    Ⅲ. 교육복지 이론
    Ⅳ. 교육복지 이론의 적용과 과제

제 2 장 39

    Ⅰ. 학생맞춤통합지원
    Ⅱ. 추진 배경 및 정책 흐름

제 3 장 63

    Ⅰ. 하인리히 법칙
    Ⅱ. 방관자 효과
    Ⅲ. 학생맞춤통합지원 체계 구축을 위한 준비
    Ⅳ. '하인리히법칙' 과 '방관자효과' 가 시사하는 교실

제 4 장 125

    Ⅰ. 학생맞춤통합지원 조직구성
    Ⅱ. 교육지원청 운영 사례
    Ⅲ. 학교 운영 사례
    Ⅳ. 문제점과 한계 및 향후 개선 과제
    Ⅴ. 해외 유사 제도와의 비교
    Ⅵ. 실천 전략 및 제언
    Ⅶ. 논의

1장 교육복지의 개념

▲경기도 남양주시 한별초등학교 교직원 연수

제 1 장

Ⅰ. 교육복지의 개념

1. 교육복지의 정의와 철학적 기초

교육복지는 학생의 교육받을 권리를 실질적으로 보장하기 위한 사회적 장치로, 모든 아동과 청소년이 경제적·사회적·정서적 조건에 관계 없이 동등하게 학습 기회를 누릴 수 있도록 하는 제도적 보완 장치이다[1]. 이는 단순한 학력 향상 정책이 아니라, 교육을 통한 사회적 평등 실현이라는 더 큰 목표와 연결된다.

특히 교육복지는 '교육'을 개인의 능력 개발 차원을 넘어 사회권적 권리로 이해하며, '복지'를 시혜적 구제가 아닌 보편적 권리 보장으로 확장한다[2]. 다시 말해, 교육복지는 모두가 함께 도달해야 할 '엘도라도강'[3]과 같은 이상적 평등의 지평을 향한 실천이다. 즉, 교육복지는 학생의 삶 전반을 돌보는 전인적 지원체계라 할 수 있다.

1) 다차원적 접근 강조

교육복지는 단순히 경제적 지원에 국한되지 않고, 학생의 정서적 안정, 사회적 참여, 학습 지원, 진로 지도 등 삶의 전반적 질 향상을 목표로 하는 다차원적 지원체계로 이해될 수 있다.

---

1 강대중, 『교육복지론』, 학지사. 2018.
2 박순용, 『사회정책과 교육복지』, 집문당. 2016.
3 엘도라도강: 남미 정복자들이 꿈꾼 황금의 땅 '엘도라도(El Dorado)'에서 착안한 표현으로, 인간 사회가 지향하는 궁극적 이상향(理想鄕)을 상징한다. 본문에서는 교육복지가 단순한 제도적 장치가 아니라, 모두가 향유할 수 있는 평등과 희망의 이상을 추구한다는 비유적 의미로 사용되었다.

이를 통해 학생 개개인의 잠재력을 최대한 발휘할 수 있는 환경을 마련하는 것이 교육복지의 핵심 과제이다.

■ 학생 삶의 실태와 지원 필요성
 최근 교육통계에 따르면, 국내 초·중·고 학생의 약 15~20%가 학습 부진, 정서 불안, 사회적 참여 저조 등의 어려움을 경험하고 있는 것으로 나타났다(교육부, 2023). 특히, 저소득층 가정의 학생은 기초학력 미달 비율이 일반 가정 학생에 비해 약 1.8배 높으며, 다문화 가정 학생의 경우 정서적 안정과 학교 적응에서 추가적 지원이 필요한 것으로 보고되었다.

이러한 통계 자료는 교육복지의 다차원적 접근 필요성을 뒷받침한다. 경제적 지원뿐만 아니라, 심리·정서 지원, 학습 보조, 진로 지도 등 학생 삶 전반에 걸친 통합적 지원이 필수적임을 보여주며, 조기 발견과 맞춤형 개입의 중요성을 강조한다. 즉, 실태 자료는 교육복지가 단순한 지원을 넘어 학생의 전인적 성장과 평등한 학습 기회를 보장하는 전략적 장치임을 객관적으로 뒷받침한다.

2) 권리 기반 관점 추가
 또한 교육복지는 학생이 누려야 할 기본적인 권리 실현의 수단으로 볼 수 있다. 모든 아동과 청소년이 경제적·사회적 조건과 관계없이 평등하게 학습 기회를 보장받는 것은 단순한 지원이 아니라, 사회 정의와 형평성을 실현하는 제도적 장치로서 의미를 가진다.

3) 통합적·연계적 철학 강화
 효과적인 교육복지는 학교, 가정, 지역사회, 복지기관이 통합적·연계적 지원 체계를 형성할 때 실현된다. 단절적·분절적 지원의 한계를 극복하고 학생 전인적 성장을 도모하기 위해,

다양한 기관과 전문가 간 협력과 지속적인 소통이 필수적이다.

4) 예방적 · 조기개입 강조
 교육복지는 문제 발생 후 사후적 조치를 제공하는 데 그치지 않고, 조기 발견과 예방적 개입의 원리를 적용해야 한다. 학습부진, 심리정서 문제, 건강 문제 등이 심화되기 전에 적절한 지원을 제공함으로써 학생의 장기적 발달과 안정적 학교생활을 촉진할 수 있다.

5) 윤리적 · 사회적 책임 관점
 교육복지는 단순히 제도적 정책이 아니라, 교사와 학부모, 지역사회가 함께 책임지는 책임 공동체적 구조로 이해되어야 한다. 이러한 관점은 학생 지원의 지속성과 실질적 효과를 담보하며, 학교와 지역사회 모두의 참여를 유도한다.

6) 국내외 정책 배경 보강
 한국 교육복지 정책은 기초학력 보장, 다문화 학생 지원, 돌봄 서비스 확대 등으로 발전해 왔다. 또한 OECD 국가들의 사례와 비교할 때, 국내 정책은 통합적 · 정보 기반 지원 체계 면에서 개선의 여지가 있으며, 해외의 성공 사례를 참고하여 학생 맞춤형 통합지원 체계를 강화할 수 있는 가능성을 보여준다.

결론적으로, 교육복지는 개인의 학습 기회를 보장하는 것을 넘어 사회적 평등과 전인적 성장이라는 포괄적 목표를 지향하며, 이를 위해 다차원적 접근, 권리 기반, 통합적 연계, 예방적 개입, 윤리적 책임 등 다층적 원리가 함께 적용되어야 함을 알 수 있다.

① 국내 정책 사례
 한국에서는 교육복지 정책의 발전 과정에서 기초학력 보장 사

업, 다문화 학생 맞춤 지원, 초등돌봄 서비스 확대 등 다양한 제도가 시행되어 왔다.
예를 들어, '교육복지우선지원사업'은 학습 부진 및 심리·정서적 어려움을 겪는 학생들에게 맞춤형 지원을 제공하며, 학교와 지역사회 기관이 협력하는 통합적 지원 체계를 실현하고 있다. 이러한 사례는 교육복지가 학생의 전인적 성장과 학습권 보장에 실질적 기여를 하고 있음을 보여준다.

② 해외 우수 사례
 해외에서는 핀란드와 싱가포르가 학생맞춤통합지원 체계를 운영하며, 학습·상담·복지·건강·진로 지원을 하나의 통합 플랫폼으로 제공하고 있다.
특히 핀란드에서는 학교 내부 지원팀과 지역사회 서비스를 정규 교육 과정과 연계하여 운영함으로써, 조기 발견과 맞춤형 개입의 효율성을 높였다.
이러한 국제 사례는 한국 교육복지가 통합적·정보 기반 지원 체계로 발전할 수 있는 가능성을 시사한다.

2. 교육복지의 적용 범위

교육복지는 다음과 같이 다차원적 영역을 포괄한다.
1) 학습 지원: 기초학력 보장, 보충학습, 맞춤형 학습 프로그램 제공.
2) 경제 지원: 급식비, 방과 후 프로그램, 장학금, 교재비 등 직접적 비용 경감.
3) 정서·심리 지원: 상담 서비스, 위기 학생 중재, 심리치유 프로그램.
4) 건강 지원: 신체 건강·정신 건강 관리, 학교 보건 서비스, 의료 연계.

5) 사회적 지원: 가정-학교-지역사회의 연계, 또래 관계 회복, 지역사회 자원 활용.

이러한 다차원적 접근은 Bronfenbrenner의 생태학적 인간 발달 이론[4]에 기반한다. 즉, 아동·청소년의 발달은 개인적 특성뿐 아니라 가정, 학교, 지역사회, 정책 환경이 상호작용하는 생태적 맥락 속에서 이루어진다는 것이다.

3. 교육복지의 핵심 원리

교육복지는 다음과 같은 핵심 원리를 바탕으로 운영된다.
1) 보편성과 형평성의 균형: 모든 학생을 대상으로 하되, 취약계층 학생에게는 더 집중된 지원을 제공한다.
2) 통합성: 교육·복지·보건·심리·지역자원을 유기적으로 연계하여 다차원적 문제를 해결한다.
3) 참여성: 학생, 학부모, 교사, 지역사회 모두가 함께 참여하여 협력적 의사결정을 한다.
4) 지속가능성: 단기적 시혜가 아닌 장기적·예방적 관점에서 정책과 제도를 설계한다.[5]

이는 Coleman의 사회적 자본 이론과도 맞닿아 있다. 교육복지는 학생 개인의 학업 성취가 부모 배경이나 경제력에 좌우되지 않도록, 사회적 관계망과 제도적 자본을 동원해 학습 환경을 보완하는 것이다.

---

4 이현주, 「교육복지의 이론과 실제」, 한국교육복지학회지. 2019.
5 박선영 (2018). 교육복지의 이론과 실제. 공동체.

4. 교육복지와 학생맞춤통합지원

2026년부터 전면 시행되는 「학생맞춤통합지원법」은 이러한 교육복지 개념을 국가 정책 차원에서 제도화한 대표적 사례이다.
동 법은 학습·심리·정서·경제·건강 등 복합적 요인을 학교 중심의 통합지원체계를 통해 해결하려는 목표를 가진다.

즉, '학생맞춤통합지원'은 교육복지의 구체적 실행모델로서, 교육권 보장의 추상적 개념을 실제 학교 현장에서 제도화·구체화한 것이다.
다시 말해, 교육복지의 철학적 토대와 학생맞춤통합지원의 제도적 장치는 상보적 관계를 이루며, 상호보완적으로 조화를 이룬다.

Ⅱ. 교육복지 이론의 역사와 발전

1. 교육복지 이론의 형성과 전개

교육복지는 20세기 중반 이후 복지국가의 확대와 함께 본격적으로 논의되기 시작하였다 초기에는 경제적 취약계층 학생에게 학습 참여 기회 보장을 제공하는 '보충적 성격'이 강했다. 즉, 빈곤층 아동에게 교재·급식·장학금 등 기본적인 학습 조건을 지원하는 것이 주된 목표였다.

그러나 사회가 복잡해지고 교육 문제의 양상이 다차원화되면서, 교육복지는 단순한 경제 지원을 넘어 총체적·예방적·통합적 접근으로 발전해 왔다.

특히 21세기에 들어서면서 교육복지 담론은 권리 기반 패러다임으로 전환되었다. 교육은 단순히 '성공의 수단'이 아니라 모든 아동이 보편적으로 누려야 할 기본권이며, 사회가 이를 보장해야 할 책임이 있다는 것이다. 이에 따라 교육복지는 다음과 같은 방향으로 발전하였다.

1) 포괄적 접근: 학습뿐만 아니라 정서·심리·건강·진로 등 학생 삶의 전 영역을 지원.

2) 예방적·조기 개입: 문제가 심각해진 이후가 아니라 조기 진단 및 선제적 개입을 중시.

3) 통합적 네트워크 운영: 학교·교육청·지자체·복지기관·의료기관 등 다기관 연계를 통한 총체적 대응.[6]

「학생맞춤통합지원법」은 이러한 교육복지 이론의 발전 과정

---
6 홍봉선·조흥식(2004), 「우리나라 교육복지의 방향과 과제」, 한국사회복지학 56권 1호.

을 제도적으로 담아낸 성과이다. 특히 기존의 분절적·한시적 사업에서 벗어나, 모든 학생을 대상으로 한 맞춤형 지원 체계를 구축한 점에서 이론과 실천의 결합을 보여준다.(2024)

2. 주요 교육복지 이론과 적용

1) 인간자본 이론
 ① 핵심 개념: 교육은 개인의 능력과 지식을 강화하여, 장기적으로 사회적·경제적 성과를 증대시킨다. 교육에 대한 투자는 개인 차원에서는 노동시장 경쟁력 향상으로, 사회 차원에서는 국가 경쟁력 제고로 이어진다.

 ② 정책 적용: 기초학력 미달 학생, 학습 격차 학생을 대상으로 한 맞춤형 학습 지원 정책(보충수업, 학습멘토링, 디지털 튜터링 등).

 ③ 학생맞춤통합지원 연계: 학습 진단을 통해 학생별 학습 수준에 맞춘 개별화 학습 계획을 수립하고, 학습 코칭과 멘토링을 통합 제공.[7]

■ 시사점: 학생맞춤통합지원은 학습부진 학생을 조기 진단하여 보충수업과 멘토링을 제공하는 방식으로 인간자본 이론을 실천적으로 구현한다.

2) 사회자본 이론
 ① 핵심 개념: 개인의 사회적 관계망과 공동체 참여가 학습과

---

[7] 이종재(2010), 「인적자본이론의 전개와 교육정책적 함의」, 교육학연구 48(1).

성장에 긍정적 영향을 미친다. 신뢰·규범·네트워크 등 사회적 자본은 학생 발달의 촉매제 역할을 한다.

② 정책 적용: 지역사회 네트워크를 활용한 상담·돌봄·진로 지원 서비스, 학부모 커뮤니티, 마을교육공동체.

③ 학생맞춤통합지원 연계: 학교 내부의 교사·상담사뿐만 아니라 지역 복지관, 청소년상담센터, 의료기관을 연결해 학생을 지원하는 교육복지조정자의 역할이 대표적이다.[8]

■ 시사점: 학생맞춤통합지원은 '온 마을이 함께하는 교육'이라는 철학을 제도화하며, 사회자본 이론의 실천적 구현을 보여준다.

3) 생태학적 접근
① 핵심 개념: 브론펜브레너의 이론에 따르면, 학생 발달은 개인적 요인뿐 아니라 가정, 학교, 또래, 지역사회, 사회 제도 등 다층적 환경이 상호작용하면서 이루어진다.

② 정책 적용: 교육정책은 학생 개인을 지원하는 데 그치지 않고, 가정환경·학교문화·지역사회 자원 등 다층적 맥락을 함께 고려해야 한다.

③ 학생맞춤통합지원 연계: 학생 개인의 발달 특성과 가정환경, 또래 관계, 학교 분위기, 지역사회 자원을 종합적으로 고려한 '맞춤형 지원 계획'을 수립.[9]

---

8 김호균(2003), 「사회자본이론과 교육」, 교육사회학연구, 13(2), 5-34.
9 정옥분 (2020). 발달심리학. 학지사.

■ 시사점: 학생맞춤통합지원은 다기관 연계를 통해 학생 문제를 '개인 차원'이 아니라 '생태학적 맥락' 속에서 해결하려는 시도다.

4) 사례관리 이론
① 핵심 개념: 사례 관리는 사정 → 계획 → 실행 → 모니터링 → 평가의 단계를 거쳐 문제 해결을 체계적으로 지원하는 방식이다.

② 정책 적용: 위기학생을 대상으로 학습, 정서, 건강 등 다양한 서비스를 연계하고, 중복이나 누락 없이 관리하는 방식.

③ 학생맞춤통합지원 연계: 학생맞춤통합지원위원회를 통해 개별 학생을 사례로 관리하고, 교육복지조정자가 자원을 배분·연계·조정·성과 점검을 담당.[10]

■ 시사점: 학생맞춤통합지원은 '학생별 맞춤형 지원계획'을 수립하여 사례 관리 접근을 제도화하고 있다.

5) 권리 기반 교육복지
① 핵심 개념: 모든 학생은 경제적·사회적 배경과 관계없이 평등하게 교육받을 권리를 가진다. 교육복지는 국가가 이 권리를 실질적으로 보장하는 수단이다.

② 정책 적용: 기존의 '취약계층 중심' 지원에서 벗어나, 보편적 복지 차원에서 모든 학생을 대상으로 맞춤 지원을 제공.

③ 학생맞춤통합지원 연계: 「학생맞춤통합지원법」을 통해 '지원은 시혜가 아니라 권리'라는 관점을 제도적으로 확

---

10 이윤로·이종복 (2018). 사회복지실천기술론. 학지사.

립. 법률에 근거하여 학생이 직접 지원을 요청할 수 있고, 학교는 이를 심의·보장할 의무를 진다.[11]

■ 시사점: 학생맞춤통합지원은 교육을 권리로 보장하는 새로운 패러다임을 실현하며, '한 아이도 놓치지 않는다'는 사회적 약속을 제도적으로 담보한다.

3. 종합 논의

교육복지 이론은 경제적 보충 → 사회적 관계망 → 다층적 생태 체계 → 사례관리 → 권리 보장으로 발전해 왔다. 이러한 이론들은 각각 독립적으로 작용하기보다, 학생맞춤통합지원이라는 정책 속에서 상호 보완적으로 적용된다.[12]

즉, 인간자본 이론은 학습격차 해소에, 사회자본 이론은 지역사회 협력에, 생태학적 접근은 다차원적 개입에, 사례관리 이론은 체계적 실행과 평가에, 권리 기반 이론은 제도적 정당성에 기여한다.
이처럼 학생맞춤통합지원은 교육복지 이론의 집약적 실천 모델이라 평가할 수 있다.

Ⅲ. 교육복지 이론

1. 교육복지의 개념

교육복지는 교육학과 사회복지학이 만나는 융합적 학문 영역으로, 모든 아동·청소년이 사회경제적 배경과 관계없이 균등

---

11 교육부 (2016). 교육복지 우선지원사업 운영 지침.
12 오성삼(2006). 「교육복지와 사회자본 기반 사례관리」, 교육복지연구, 1(1), 5 - 28.

한 교육기회를 향유할 권리를 실현하기 위한 제도적·실천적 장치를 의미한다.[13]

 한국교육문제연구소는 교육복지를 모든 사람들이 기본적인 삶을 영위하는 데 필요한 능력(역량)을 일정 기준 이상이 되도록 보장하기 위해서 제공하는 공적 교육 지원으로 정의하고 있다.

또한, 한국보건사회연구원은 교육복지를 사회 모든 구성원의 교육적 욕구를 충족시키고, 특히 교육소외계층 또는 교육취약계층에게 교육 기회를 확충하는 것으로 정의한다.
이는 단순히 학력 격차를 보충하는 차원이 아니라, 인간다운 삶을 가능케 하는 권리로서의 교육을 제도적으로 보장하는 포괄적 개념이다.

따라서 교육복지를 학교 안팎에서 학생이 맞춤형으로 성장할 수 있도록 사회 전체가 책임지는 장치로 정의하며, 단순한 학력 보정이나 재정 지원을 넘어, 학생의 행복, 도덕성, 사회적 책임감, 자기 주도적 학습 역량을 함께 길러내는 삶의 권리이자 사회적 책무로 정의하고자 한다.

2. 등장 배경

 근대 사회로의 전환, 산업화와 도시화, 그리고 계층 이동의 어려움은 교육 불평등을 심화시켰다. 교육은 사회 이동의 주요 경로이지만, 동시에 사회적 불평등을 재생산하는 통로이기도 하다.[14]

---
13 김병찬. 「교육복지의 이론과 실제」. 서울: 학지사. 2007.
14 이병태 (2010). 「교육과 사회불평등」, 교육사회학연구, 20(2), 1 - 25.

따라서 교육복지는 공공재적 성격의 교육을 사회복지적 틀 안에서 재구성하려는 노력 속에서 등장하였다.

3. 교육복지 관련 주요 이론

1) 인간자본이론
슐츠와 베커 등은 교육을 경제 성장의 핵심 요인으로 보았다. 교육복지는 사회적 약자에게도 인적 자본 축적의 기회를 보장함으로써, 사회 전체의 생산성과 복지를 증진시키는 토대가 된다.[15]

2) 사회적 배제와 포용 이론
실업, 빈곤, 이주, 장애 등으로 교육에서 배제된 집단은 사회적 고립에 직면한다. 교육복지는 단순한 학업 성취 지원을 넘어, 제도적·문화적 포용을 통해 사회적 연대의 토대를 확립하는 과정이다.[16]

3) 재분배와 정의 이론
롤스는 '차등의 원칙'을 통해 사회적 최소수혜자의 이익을 최대화해야 한다고 주장했다. 왈저는 교육을 '사회적 재화'로 규정하며, 불평등을 교정하는 분배 정의의 필요성을 강조하였다. 이는 교육복지 정책이 공정한 분배와 사회 정의 실현의 핵심임을 뒷받침한다.[17]

---

15 이종재 (2010). 「인적자본이론의 전개와 교육정책적 함의」, 교육학연구 48(1), 1 - 23.
16 정옥분 (2015). 「교육복지와 사회적 포용」, 교육사회학연구, 25(2), 45 - 68
17 김재훈 (2010). 「교육복지 정책과 정의론」, 교육사회학연구, 20(1), 45 - 68.

4) 생태체계이론

브론펜브레너의 생태체계이론은 아동 발달을 다차원적 환경 속 상호작용의 산물로 설명한다. 따라서 교육복지는 학생 개인뿐 아니라 가정, 학교, 지역사회, 국가 정책까지 다층적 지원체계를 요구한다.[18]

5) 비판이론 및 문화재생산론

부르디외는 교육을 통한 문화자본의 불평등 재생산을 지적하였다. 교육복지는 이러한 구조적 모순을 교정하며, 문화적 다양성을 존중하는 방향으로 설계되어야 한다는 비판적 과제를 제시한다[19]

Ⅳ. 교육복지 이론의 적용과 과제

1. 적용 배경

1997년 IMF 외환위기는 대규모 실업과 빈곤 문제를 야기하면서, 교육 영역에서도 사회적 불평등 문제가 부각되었다. 이러한 맥락 속에서 2003년 교육부는 교육복지우선지원사업을 도입하여 취약계층 학생 지원을 제도화하였다.[20]
이후 저출산·고령화, 다문화 사회 진입 등으로 교육복지의 수요는 더욱 확대되었다.

2. 구체적 적용 사례

---
18 김영천 외 (2015). 아동복지론. 학지사.
19 부르디외, P. (2000). 『학교와 계급』, 김병수 외 역, 서울: 한길사.
20 교육부. 「교육복지우선지원사업 운영 지침」. 2004.

1) 교육복지우선지원사업: 저소득층 밀집 지역의 학교에 학습, 심리·정서, 문화·체험을 통합 지원.
2) 방과후학교 및 돌봄교실: 사교육 격차 완화와 학부모 돌봄 부담 경감.
3) 다문화·탈북학생 지원정책: 언어교육, 문화적 적응 지원.
4) 지역사회 연계 모델: 지방자치단체, 복지관, 시민단체와 협력.

3. 성과와 한계

성과로는 학업중단 예방, 교육기회의 확장, 학부모 양육 부담의 경감 등을 들 수 있다. 그러나 한계로는 △단기 성과 위주의 사업 운영, △복지와 교육 부처 간 칸막이 행정, △보편적 교육복지와 선별적 지원 간의 길항관계[21] 등이 지적된다.

4. 향후 과제

1) 보편성과 선별성의 균형: 기본적 교육권은 보편적으로 보장하되, 취약집단에 집중적 지원.
2) 지속 가능한 재원 확보: 교육세·지방재정과 연계한 안정적 재원 마련.
3) 통합적 접근: 학교 단위 사업을 넘어 지역사회·복지기관과 연계 강화.
4) 디지털 격차 대응: AI·온라인 학습 시대의 새로운 불평등 해소.
5) 학생 주체성 강화: 수동적 수혜자가 아닌, 교육복지 정책 설계와 실행의 주체로 참여.

---

21 길항관계(拮抗關係): 두 요소가 서로 대립하거나 충돌하면서도 완전히 소멸되지 않고, 상호 견제와 균형을 이루는 상태를 의미한다. 사회과학적 맥락에서는 제도·이념·정책 간의 경쟁적 상호작용을 설명할 때 자주 사용되며, 단순한 갈등을 넘어 새로운 조정과 변형을 가능하게 하는 역동적 긴장 상태를 지칭한다.

■ 맺음말

교육복지 이론은 교육을 통한 사회 정의와 기회 균등을 실현하는 핵심적 틀이다.
한국은 지난 20여 년간 다양한 교육복지 정책을 추진하며 일정한 성과를 거두었지만, 여전히 구조적 불평등과 새로운 형태의 격차가 존재한다.

따라서 향후 교육복지는 보편성과 선별성의 조화, 교육 정의의 구현, 지속 가능한 재정 확보, 디지털 전환 대응, 학생 참여의 제도화 등을 과제로 삼아야 한다.
이는 단순한 정책을 넘어, 한국 사회의 지속 가능성과 미래세대의 삶의 질을 결정짓는 중대한 과제라 할 수 있다.

■ 소결(小結)

제1장에서 제3장까지의 논의는 교육복지의 개념적 기초, 정책적 발전, 그리고 한국적 적용이라는 세 가지 축을 중심으로 전개되었다. 우선, 교육복지는 단순히 경제적 결핍을 메우는 보조적 장치가 아니라, 모든 아동과 청소년이 학습권을 보장받을 수 있도록 하는 제도적 장치임을 확인하였다. 이러한 관점은 교육을 권리로 이해하는 현대 복지국가의 철학적 기초와 긴밀히 맞닿아 있다.[22]

나아가 교육복지는 단순한 사회정책의 일부가 아니라, 사회적 불평등을 교정하고 아동·청소년의 잠재력을 실현하게 하는 핵심적인 사회투자 전략으로 기능한다는 점이 재차 강조되었다.

---

22 강대중, 『교육복지론』, 학지사, 2018, p. 25.

둘째, 교육복지정책의 전개 과정은 시대적 상황과 정책 환경에 따라 진화해 왔다. 한국 사회는 IMF 외환위기 이후 본격적으로 교육복지의 필요성을 제도화하기 시작했으며, 학교 현장에 투입된 다양한 복지 프로그램들은 일정한 성과를 창출하였다. 그러나 이러한 접근은 기초학력 보정, 심리·정서 지원, 경제적 지원 등 분야별로 분절화되어 운영되는 한계를 드러냈다[23]. 이는 학생의 문제를 단일 영역에서 해결할 수 있다는 전제에 기초한 것으로, 실제 현장에서 나타나는 복합적·다차원적 문제를 충분히 반영하지 못했다는 점에서 구조적 한계가 있었다.

셋째, 이러한 한계를 극복하기 위한 새로운 시도가 곧 학생맞춤통합지원(학맞통)이라는 제도적 혁신으로 연결되었다. 학맞통은 학생의 개별적 특성과 맥락을 고려하여, 학습·정서·경제·가정환경을 아우르는 전인적 지원 체계를 마련하려는 노력이다. 이는 교육복지의 패러다임이 "결핍 보충형"에서 "통합적 성장 지원형"으로 전환되는 중요한 분기점이라고 할 수 있다. 특히 현장 교사와 교육복지사들의 경험적 보고에 따르면, 학생들의 어려움은 단일한 영역에 국한되지 않고 상호 얽혀 나타나는 경우가 많으며, 이를 통합적으로 접근하지 않으면 실질적 효과를 기대하기 어렵다[24].

따라서 학맞통은 기존 교육복지정책의 발전적 완결로서, 동시에 미래 교육정책의 새로운 기준을 제시한다고 할 수 있다.

결론적으로, 제1장에서 제3장의 논의는 학맞통 정책이 단순한 제도적 장치가 아니라, 교육복지의 철학적 기초와 정책적 맥락, 그리고 현장의 필요성을 종합적으로 반영한 필연적 귀결임을 보여준다. 교육복지는 이제 더 이상 보충적 지원이 아니라,

---

[23] 김경근, 「한국 교육복지정책의 전개와 과제」, 『교육사회학 연구』, 제25권 3호, 2015, pp. 55-78.
[24] 현장 교육복지사 인터뷰(광명교육지원청, 2024. 10.), 저자 수집 자료.

교육의 본질적 가치인 학생 개개인의 삶을 존중하고 그 가능성을 실현하게 하는 것을 구체화하는 실천적 메커니즘이 되어야 한다.

이러한 맥락에서 본 단행본의 후반부는 학맞통의 실제 적용 사례와 실천 전략을 심층적으로 탐구함으로써, 교육복지가 궁극적으로 지향해야 할 지평을 구체적으로 제시할 것이다.

2장

학생맞춤통합지원

▲용산 나이트리프리미어로카우스호텔 전국 네트워크 기관 관계자 연수

제 2 장

Ⅰ. 학생맞춤통합지원

1. 개념과 정의

'학생맞춤통합지원(학맞통)'은 교육부가 2026년부터 전면 시행하는 새로운 국가적 교육지원 체계로서, 모든 학생이 겪을 수 있는 학습·정서·사회적 어려움을 조기에 발견하고, 맞춤형으로 지원하며, 지역사회와 연계하여 통합적으로 해결하는 과정을 의미한다.

「학생맞춤통합지원법」 제2조는 이를 "학생의 학습 참여를 어렵게 하는 기초학력 미달, 경제적·심리적·정서적 어려움, 학교폭력, 경계선 지능, 아동학대 등 다양한 문제를 통합적으로 해소하고, 학생의 전인적 성장과 교육받을 권리 향상을 위하여 이루어지는 지원"으로 정의한다.

즉, 동 법은 전통적인 교육복지의 한계를 넘어, 보편성과 개별성을 동시에 지향한다. 과거 정책이 취약계층을 중심으로 이루어졌다면, 이제는 모든 학생을 대상으로 하되, 각 학생의 특성과 상황에 따라 차등적이고 세밀한 지원을 제공하는 것이다. 이는 '한 아이도 포기하지 않는다'는 교육의 보편적 사명을 제도적으로 구현하는 것이며, 나아가 교육이 단순한 학업 지도에 머물지 않고 삶의 문제를 함께 해결하는 사회적 안전망으로 기능하도록 한다.

동 법의 핵심은 '통합'에 있다. 학습, 정서·행동, 건강, 돌봄, 진로 등 학생의 다양한 영역이 분절되지 않고 하나의 체계 속에서 연계·지원된다. 이를 위해 학교 안에서는 교사, 전문 상담사, 교육복지사가 협력하고, 학교 밖에서는 지자체, 복지기관, 의료·심리기관, 지역사회 자원이 유기적으로 결합한다. 이러한 총체적 접근은 교육을 개인적 차원을 넘어 공동체적 책무로 확장시키며, 학생을 둘러싼 모든 환경을 교육의 장으로 끌어안는다.

따라서 '학생맞춤통합지원(학맞통)'은 단순한 정책 용어를 넘어, 교육이 지향해야 할 새로운 패러다임을 상징한다. 이는 교육을 '성적 향상'이라는 결과 중심에서 '삶의 성장'이라는 과정 중심으로 전환시키며, 학생 개개인의 존엄과 권리를 보장하는 실천적 장치가 되는 것이다.

2. 필요성

"한 아이를 키우려면 온 마을이 필요하다"라는 아프리카 속담은 오늘날 교육의 본질을 잘 보여 준다.
학생은 단순히 교실 안에서 지식을 습득하는 존재가 아니라, 가정과 지역사회, 국가가 함께 지탱해야 하는 삶의 주체이자 미래의 주인공이다.

이는 동물행동학에서 말하는 '알로마더링(allomothering)', 곧 코끼리 집단에서 어미뿐 아니라 무리 전체가 새끼를 함께 돌보는 방식과도 통한다. 교육 역시 특정 교사나 가정만의 몫이 아니라, 사회 전체가 나서야 하는 공동 양육의 과정인 것이다.
그러나 현실의 교육 현장은 학업, 정서, 사회적 관계, 진로 등 다양한 복합적 어려움에 직면한 학생들이 늘어나고 있으며, 기존의 획일적 지원 방식만으로는 개별 학생의 요구를 충분히 충족하기 어렵다. 우리나라 교육 문제는 복잡계 이론으로도 설명하기 힘든 교육문화적 특수성을 내포하고 있다.

'학맞통'은 이러한 문제의식에서 출발한다. 2026년부터 교육부가 전면 시행하는 이 정책은, 모든 학생이 자신의 잠재력을 최대한 발휘할 수 있도록 학교, 지역, 정부가 통합적·맞춤형 지원을 제공하려는 혁신적 시도다. 단순한 복지나 상담 차원을 넘어, 정책·학문·현장이 유기적으로 결합될 때 비로소 실현 가능한 체계라 할 수 있다.[25]

교육학자 존 듀이는 "교육은 삶을 준비하는 과정이 아니라 삶 그 자체"라고 말했다. '학맞통'은 바로 이 말의 현대적 구현이다. 학생이 처한 현실의 문제를 외면하지 않고, 학교 현장에서 즉시 지원하며, 그 과정에서 정책적 뒷받침과 지역사회의 협력이 결합될 때, 교육은 비로소 삶과 직결된다.

따라서 '학맞통'은 단순한 제도 도입을 넘어, 우리 사회가 교육을 바라보는 관점의 전환을 요구한다. '모든 학생은 고유한 존재이며, 그 다양성을 존중받을 권리가 있다'는 교육철학적 대전제를 실현하고, 교육이 사회적 안전망이자 희망의 사다리로 작동하도록 하는 토대가 되는 것이다.

3. 도입 배경

'학맞통' 정책은 단순한 교육복지 확대가 아니라, 한국 교육정책이 지향해온 학생 중심 교육철학의 제도적 완결이라 할 수 있다. 그 추진 배경은 크게 세 가지 맥락에서 살펴볼 수 있다.

1) 기존 교육복지정책의 한계를 극복하려는 노력이다.
 지난 수십 년간 우리 사회는 「교육복지우선지원사업」, 「지역사회 연계 돌봄」, 「Wee 프로젝트」, 「학교사회복지」 등

---

25 교육부 (2021), 김기태 외 (2019)

다양한 형태의 지원정책을 추진해 왔다. 그러나 이러한 사업들은 개별 목적에 따라 분절적으로 운영되었으며, 부처 간 칸막이 행정, 기관 간 중복 서비스, 학교 현장의 과중한 행정 부담이라는 문제를 낳았다. 결과적으로 '지원은 있으나 학생에게 제대로 도달하지 못하는' 역설이 발생하였다.[26]

2) 교육부의 정책 전환 과정이다.
 교육부는 2020년대 초반부터 '모든 학생의 성장 지원'을 목표로 학교지원체제 전반을 재구조화하기 시작하였다. 특히 코로나19 팬데믹을 거치면서 학습격차, 정서·사회적 위기, 돌봄 공백이 두드러지자, 단편적 지원이 아닌 통합적·맞춤형 지원 체계의 필요성이 대두되었다. 이에 따라 2023년 시범사업을 거쳐, 2026년 1월부터 전국 모든 학교에 '학생맞춤통합지원 체제'를 전면 도입하기로 결정하였다. 이는 단일 사업의 확장이 아니라, 국가 차원의 표준 지원 플랫폼을 설계한 정책적 전환이자, 교육의 패러다임 전환이라는 점에서 중요한 의미를 가진다.[27]

3) 기존 사업과의 차별성이다.
 '학맞통'은 단순히 여러 사업을 '묶어내는' 수준을 넘어선다.
① 학생 개인을 중심에 두고 학습, 정서·행동, 건강, 돌봄, 진로 등 다양한 영역을 종합적으로 진단하고 맞춤 지원을 제공한다.
② 학교·교육청·지역사회가 통합적으로 협력하는 구조를 제도화하였다.
 학교 내부의 교사, 전문상담사, 사회복지사뿐 아니라 지자체 복지부서, 지역 의료·상담기관까지 연계하여 학생에게 필

---

26   교육부 (2019). 교육복지 우선지원사업 운영지침.
27   박선영 (2018). 교육복지의 이론과 실제. 공동체.

요한 자원을 제때 제공하도록 설계하였다.
③ 디지털 기반 학생지원 플랫폼을 활용해 개별 학생의 지원 이력과 성과를 체계적으로 관리함으로써, 중복지원이나 사각지대를 최소화한다.[28]

이러한 점에서 학생맞춤통합지원은 기존의 분절적 교육복지 정책과 뚜렷한 구별점을 가진다. 과거의 정책이 '취약계층 중심, 사업 단위 지원'이었다면, 이제는 모든 학생을 포괄하는 보편적 지원과 개별 학생 필요에 따른 촘촘한 맞춤형 지원으로 진화하였다. 이는 교육정책이 단편적 복지를 넘어, 학생 성장 전 과정에 대한 통합적 책무성을 강화하는 단계로 이행했음을 보여준다.

따라서 '학맞통'은 우리 사회가 교육을 통해 지향하는 새로운 패러다임의 선언이다. '한 아이도 놓치지 않는다'는 교육의 사회적 약속을 제도적으로 담보하고, 학교가 단순한 학습 공간을 넘어 학생 삶 전체를 아우르는 안전망이자 성장 플랫폼으로 거듭나게 하는 것이다.

4. 목표와 원리

'학맞통'의 최종 목표는 모든 학생이 자신의 잠재력을 온전히 발휘할 수 있도록 돕는 것이다. 이는 교육의 본질적 사명인 "한 아이도 놓치지 않는 교육"을 제도적으로 구현하는 길이며, 학생 개개인의 학습권·성장권을 보장하는 국가적 약속이다.

구체적으로는 △학습결손과 정서·행동 문제의 조기 발견 및 해소, △학교폭력·가정 문제·심리적 위기 등 복합적 어려움에 대한 맞춤형 대응, △지역사회 자원을 연계한 촘촘한 안전

---
28 교육부 (2023). 학생맞춤통합지원 시범사업 결과보고서.

망 구축, △궁극적으로는 학생의 전인적 성장과 행복한 삶을 지원하는 데 있다.
이러한 목표를 실현하기 위해 학생맞춤통합지원은 다음과 같은 원리를 바탕으로 운영된다.

1) 보편성과 선택성의 원리이다.
 모든 학생을 지원 대상에 포함시키되, 개별적 필요에 따라 맞춤형으로 지원하는 것이다. 이는 과거의 취약계층 중심 지원에서 한 단계 발전하여, 교육을 '차별 없는 보편적 권리'로 확장시킨다.

2) 통합과 연계의 원리이다.
 학생의 문제는 단일 요인에서 비롯되지 않으며, 학습·정서·가정·사회가 복합적으로 얽혀 있다. 따라서 학교 내부의 상담·복지·보건 인력과 지역사회의 복지·의료·문화 기관이 긴밀히 연계해야 한다. 이를 통해 중복지원은 줄이고, 사각지대는 최소화할 수 있다.

3) 조기발견과 예방의 원리이다.
 사후적 개입보다 조기 개입과 예방적 지원이 학생 성장에 효과적이다. 이를 위해 교사와 지원 인력이 긴밀히 협력하고, 디지털 기반의 통합 플랫폼을 활용하여 학생의 지원 이력을 체계적으로 관리한다.

4) 존엄과 권리 보장의 원리이다.
 학생은 단순히 지원의 대상이 아니라, 자신의 삶과 학습을 주도할 권리를 가진 주체이다. 따라서 학생맞춤통합지원은 학생의 목소리를 반영하고, 참여적 지원을 지향해야 한다.[29]

---

29   교육부, "학생맞춤통합지원 누리집 개통, 복합적 어려움 조기 발견·전문인력 협력", 보도자료, 2024.

따라서 학생맞춤통합지원의 목표와 원리는 교육을 지식 전달의 차원을 넘어 삶 전체를 아우르는 성장 지원 체계로 확장하는 데 있다.
이는 교육을 통해 사회적 안전망을 강화하고, 미래 세대가 주체적으로 살아갈 힘을 기르는 토대가 될 것이다.

5. 추진 근거 법

1) 입법 배경 및 주요 조항
「학생맞춤통합지원법」은 2024년 12월 국회를 통과하고, 2026년부터 전국 학교에서 전면 시행될 예정인 법률로, 학생 맞춤형 지원체계의 법적 근거를 마련한 것이다.

법 제정의 배경에는 기존 교육복지사업의 분절성과 사각지대 문제가 있다. 그간 교육부는 「교육복지우선지원사업」, 「Wee 프로젝트」, 「학교사회복지」 등 다양한 사업을 추진해 왔지만, 사업별로 목표·대상·운영 체계가 달라 중복·누락이 발생하였고, 학교 현장에서는 행정적 부담과 학생 개별 지원의 한계가 지속적으로 지적되었다.

또한, 최근 코로나19 팬데믹과 사회적 변화로 인해 학습 결손, 정서·심리적 위기, 학교폭력, 돌봄 공백 등 학생의 복합적 문제 발생이 증가함에 따라, 기존 사업만으로는 학생의 전인적 성장을 보장할 수 없다는 인식이 확산되었다. 이에 교육부는 조기발견, 맞춤형 지원, 지역사회 연계라는 세 가지 핵심 원칙을 바탕으로, 학생맞춤통합지원 제도를 법적·제도적으로 통합하기로 하였다.

주요 조항을 살펴보면, 먼저 동법 제2조(정의)에서는 '학생맞춤통합지원'을 "학생의 학습 참여를 어렵게 하는 기초학력 미달, 경제적·심리적·정서적 어려움, 학교폭력, 경계선 지능, 아동학대 등 다양한 문제를 통합적으로 해소하고, 학생의 전인적 성장과 교육받을 권리 향상을 위하여 이루어지는 지원"으로 규정하고 있다.

또한, 제10조(지원대상학생의 선정)에서는 학교장이 학생, 보호자 또는 교직원의 요청을 받아 학교 학생맞춤통합지원위원회의 심의를 거쳐 지원 대상 학생을 선정하도록 하였으며, 제12조(지원 내용)에서는 학습지원, 정서·행동 지원, 건강·돌봄, 진로지도 등 다영역 지원을 포함하도록 명시하고 있다.

이 밖에도 중앙·시·도·지역 학생맞춤통합지원센터 설치(제15조~제18조), 정보시스템 운영과 데이터 관리(제20조) 등 법률은 학생맞춤통합지원의 통합·연계·체계적 운영을 보장하는 구조를 마련하고 있다. 법 제정은 단순한 지원 확대를 넘어, 모든 학생을 포괄하는 통합적 맞춤형 지원 체계를 국가가 책임지고 운영하겠다는 선언적 의미를 가진다.

2) 추진 체계(학교·지역·국가 수준)

'학맞통'은 단일 기관이나 단일 사업으로 구현될 수 없으며, 학교, 지역사회, 국가가 유기적으로 연결된 다층적 추진 체계를 필요로 한다. 이 체계는 학생의 전인적 성장을 보장하고, 지원의 사각지대를 최소화하며, 맞춤형 지원을 체계적으로 제공하기 위해 설계되었다.

① 학교 수준

학교는 학생맞춤통합지원의 1차 실행 현장이자 중심이다. 각 학교는 학생맞춤통합지원위원회를 구성하여, 학생의 요구와 상황을 종합적으로 평가하고 맞춤형 지원계획을 수립한다. 위원회에는 교사, 전문상담사, 사회복지사, 보건교사 등이 참여하며, 학습, 정서·행동, 건강, 진로 등 다양한 영역의 지원을 조정한다. 또한 학교 내부의 자원을 효율적으로 활용하고, 필요 시 지역사회 기관과 연계하여 추가적 지원을 확보한다.

② 지역사회 수준
지역사회는 학교 지원의 연장선으로, 시·도학생맞춤통합지원센터 및 지역학생맞춤통합지원센터가 중심적 역할을 수행한다. 이 센터들은 학교와 연계하여 맞춤형 서비스 제공, 외부 전문가 매칭, 심층 상담, 돌봄 및 의료 지원 등 학생별 맞춤 서비스의 실행을 지원한다. 지역사회 자원을 활용한 다층적 협력체계는 학생의 학업·정서·사회적 문제를 통합적으로 해결하고, 학교 단독으로는 대응하기 어려운 복합적 상황을 관리할 수 있게 한다.

③ 국가 수준
국가 차원에서는 중앙학생맞춤통합지원센터가 설립되어, 정책 총괄, 지원 지침 마련, 데이터 관리 및 평가, 시·도 센터 지원 등의 역할을 수행한다. 또한 교육부는 전국 학교와 지역센터를 연결하는 학생맞춤통합지원 정보시스템을 운영하여, 학생별 지원 이력, 프로그램 성과, 위험요인 등을 체계적으로 관리한다. 이러한 중앙-지방-학교의 연계 구조는 학생맞춤통합지원의 표준화와 효율성을 높이는 동시에, 정책적 책임을 명확히 한다.

④ 체계적 연계의 특징
이 체계의 핵심은 정보와 역할의 통합이다. 학교는 현장 데이터를 제공하고, 지역센터는 외부 자원을 연결하며, 중앙센터는 정책 지침과 평가를 담당한다. 이러한 다층 연계는 지원의 중복과 누락을 최소화하며, 학생 개인의 필요와 특성에 맞춘 신

속하고 정확한 맞춤형 지원을 가능하게 한다.
결국 '학맞통' 추진 체계는 '모든 학생이 제때 필요한 지원을 받을 수 있는 국가적 안전망'으로 기능하며, 학교가 단순한 학습 공간을 넘어 학생 삶 전체를 아우르는 교육 플랫폼으로 자리매김하게 하는 토대가 된다.

6. 용어의 정의

1) 「학생맞춤통합지원」
"학생맞춤통합지원"이란, 학생의 학습 참여를 어렵게 하는 기초학력 미달, 경제적·심리적·정서적 어려움, 학교폭력, 경계선 지능, 아동학대 등 다양한 문제를 통합적으로 해소하고, 학생의 전인적 성장과 교육받을 권리 향상을 위해 이루어지는 지원을 말한다.
(※ 학생맞춤통합지원법은 2024년 12월 국회 본회의를 통과하였으며, 2026년 3월 1일부터 모든 학교에 전면 시행될 예정이다.)

2) 「지원대상학생」
법률에서 규정하는 지원대상학생은 동법 제10조 등에 따라 학교장이 학생, 보호자 또는 교직원의 요청을 받아, 학교 학생맞춤통합지원위원회의 심의를 거쳐 선정된다. 이는 학생 개별 상황을 고려한 맞춤형 지원이 실질적으로 이루어지도록 하는 핵심 절차다.

3) 「교육복지안전망」
교육복지안전망은 '학맞통'과 함께 자주 언급되는 개념으로, 기존 교육복지안전망 사업 등 다양한 지원 체계를 통합지원 체계 안에서 유기적으로 연계하도록 설계되어 있다. 이를 통해 학교, 교육청, 지역사회 기관이 협력하여 학생에게 필요한 자원을 적시에 제공할 수 있다.

II. 추진 배경 및 정책 흐름

1. 기존 학생지원 사업의 문제점

　우리나라의 학생 지원 정책은 수십 년간 다양한 프로그램을 통해 학생 복지를 확대해 왔다. 대표적으로 「교육복지우선지원사업」, 「Wee 프로젝트」, 「학교사회복지」, 「지역사회 연계 돌봄」 등이 있다.
그러나 이러한 사업은 각각의 목적과 운영 체계가 상이하여 사업별 분절이 발생하였다. 학교 현장에서 한 학생에게 여러 사업이 중복 적용되거나, 반대로 지원이 필요한 학생이 누락되는 사례가 빈번했다.

또한 기존 정책의 운영 방식은 사후 지원 중심이었다. 문제 상황이 발생한 후 개입하는 방식이 대부분이었으며, 학습 결손, 정서·행동 문제, 가정 환경의 어려움 등을 조기에 발견하여 예방하는 체계는 미비하였다. 이로 인해 학생이 위기에 직면한 시점에서만 지원이 제공되거나, 대응 속도의 지연으로 문제의 심화가 발생하였다.

마지막으로 조기 발견 체계의 부족 역시 한계로 지적된다. 학생 개개인의 학습·정서 상태를 종합적으로 모니터링할 통합 시스템이 부족하여, 초기 위험 신호를 놓치는 경우가 많았다. 이러한 문제점들은 학생맞춤통합지원 체제 도입의 필요성을 명확히 보여주며, 정책 전환의 핵심 배경이 되었다.

2. 정책 전환 시점

'학맞통' 정책은 단계적 전환을 통해 시행되었다. 2020년대 초반, 교육부는 시범사업을 통해 통합 지원 모델의 타당성과 운영 방안을 검증하였다. 시범사업에서는 일부 지역과 선도학교를 중심으로 학생의 학습·정서·복지 영역을 통합 관리하고, 학교와 지역사회 기관의 협력체계를 시험하였다.

이후 선도학교 모델이 정착되면서, 정책은 점차 확산 단계로 접어들었다. 학교 내부의 지원위원회 운영, 맞춤형 지원계획 수립, 지역 자원 연계 등의 과정이 구체화되었으며, 운영 매뉴얼과 정보시스템도 정비되었다. 선도학교의 경험은 전국적 전면 시행의 기반이 되었고, 정책 효과성과 실행 가능성을 입증하였다.

2026년 1월 1일, 이 정책은 전국 모든 학교에서 전면 시행될 예정이다. 시범사업과 선도학교에서 얻은 경험을 바탕으로, 법적 근거와 중앙·지역·학교 단위의 체계적 지원 구조가 마련되어, '학맞통'은 단순한 제도적 확장이 아니라 실질적 지원의 통합과 표준화로 이어지게 되었다.

3. 교육부의 비전과 목표

교육부는 '학맞통' 정책을 통해, 모든 학생이 공평하게 교육적 기회를 누리고, 문제 상황에 조기 개입하여 성장을 지원하는 전인적 지원체계를 구현하고자 한다. 그 핵심 비전은 조기 발견, 맞춤형 통합지원, 정보 연계, 지역 연계로 정리할 수 있다.

1) 조기 발견은 학생의 학습·정서·사회적 위험 신호를 신속

히 탐지하여 적시 개입하는 것을 목표로 한다. 학교 교사와 전문 인력이 학생 데이터를 지속적으로 관찰하고, 위험 요인을 조기에 보고함으로써 사후적 대응의 한계를 극복한다.

2) 맞춤형 통합지원은 학생 개인의 특성과 상황을 고려하여 학습 지원, 정서·행동 지원, 건강·돌봄, 진로 지도 등 다양한 영역을 종합적으로 제공하는 것이다. 이를 통해 학생은 개별적 필요에 따른 실질적 도움을 받을 수 있다.

3) 정보 연계는 학교, 지역센터, 교육청, 중앙센터 간 통합 정보 시스템을 통해 지원 이력과 성과를 관리하는 것을 의미한다. 중복지원과 누락을 최소화하고, 학생 개별 지원의 효율성을 높이는 핵심 장치다.

4) 지역 연계는 학교 내 지원 자원만으로 부족한 부분을 지역사회 복지·의료·상담 기관과 연계하여 충족시키는 것을 강조한다. 이를 통해 학생 맞춤 지원은 학교와 지역사회가 공동으로 수행하는 총체적 안전망으로 자리매김한다.

이와 같은 비전과 목표는 단순한 정책적 구호가 아니라, 학생 개개인의 삶과 성장에 실질적 영향을 미치는 교육적 책무를 실현하는 장치로, 앞으로 '학맞통' 체계가 지향해야 할 근본 원리이자 실행 지침으로 작용한다.

4. 운영체계 및 조직 구조

1) 학생맞춤통합지원센터 / 중앙학생맞춤통합지원센터 지정
'학맞통' 정책의 안정적 운영과 법적 근거 확보를 위해, 중앙과 지역 단위에서 '학맞통' 센터를 지정·운영하도록 법률과

시행령에서 규정하고 있다.

중앙 '학맞통' 센터는 교육부 직속으로 설치되며, 정책 총괄, 표준 지침 마련, 전국적 지원 시스템 관리, 평가 및 연구 기능을 수행한다. 이 센터는 전국 시·도 '학맞통'와 학교를 연결하는 통합적 정책 플랫폼 역할을 수행하며, 학생 개별 지원 내역과 성과 데이터를 수집·분석하여 정책 개선과 과학적 의사결정에 활용한다.

지역 단위에서는 시·도 '학맞통' 센터와 지역 '학맞통' 센터가 중심적 역할을 담당한다. 이 센터들은 학교로부터 지원 요청을 받아, 필요한 전문인력과 지역 자원을 매칭하고, 학교 내 지원위원회와 협력하여 맞춤형 지원을 조율한다. 또한, 위기 학생의 경우 긴급 지원 체계를 가동하고, 학교가 단독으로 대응하기 어려운 복합적 문제를 해결하는 중간 관리자 기능을 수행한다.

법제처 자료에 따르면, 이러한 센터 지정 제도는 단순한 행정 조직 설치를 넘어, 정책 실행의 표준화, 효율화, 책임성 확보를 목적으로 한다. 중앙·지역 센터 간 연계 체계는 '학맞통'의 핵심 원리인 "통합과 연계"를 제도적으로 보장하며, 학생 개별 지원의 일관성과 지속성을 확보한다.

2) 학생맞춤통합지원팀의 구성 및 역할 분담

학교와 교육지원청은 '학맞통'의 1차적 실행 주체이다. 각 교육지원청은 '학생맞춤통합지원팀'을 구성하여, 소속 학교와 협력하며 지원 프로그램을 조정한다. 팀 구성원은 주로 교육지원청 복지·상담·보건 담당자와 교육행정 전문가로 이루어지며, 학교별 지원 요청을 종합·분석하고 지역 자원과 연계하는 역할을 수행한다.

학교 내에서는 '학맞통' 위원회와 지원팀이 운영된다. 위원회는 교사, 전문상담사, 사회복지사, 보건교사 등 다양한 전문 인력으로 구성되며, 학생의 필요를 종합 평가하고 맞춤형 지원 계획을 수립한다. 역할 분담은 다음과 같이 명확히 규정된다.

① 교사: 학생 관찰, 학습·정서 상태 보고, 지원 필요성 제기
② 상담사·사회복지사: 심층 상담, 맞춤형 복지·심리 지원 설계
③ 보건교사: 건강 및 안전 관련 모니터링, 연계 의료 지원 조정
④ 지원팀장: 전체 운영 조정, 위원회 회의 주재, 외부 기관과 연계 관리

이러한 체계적 역할 분담은 중복과 누락을 최소화하고, 학생 개별 지원을 효과적으로 실행하는 데 필수적이다.

3) 유관 기관 연계 체계
'학맞통'의 실효성은 학교와 교육지원청 내부 자원에만 의존할 수 없다. 따라서 지역사회 유관 기관과의 연계가 핵심이다. 복지 기관, 보건소, 심리상담센터, 아동보호전문기관, 지역사회단체 등이 참여하여, 학생 개별 상황에 맞는 종합적 지원을 제공한다.

연계 체계는 다음과 같이 구성된다.

① 복지 기관: 경제적 지원, 긴급 돌봄, 상담 서비스 제공
② 보건·의료 기관: 건강 검진, 예방 접종, 심리·정신 건강 치료
③ 심리 상담 기관: 심리검사, 전문 상담, 위기 개입
④ 지역사회 기관: 문화·체육·예술 프로그램, 방과 후 활동 지원

학교와 지역기관 간 정보와 사례는 정기적으로 공유되며, 이를 통해 '학맞통'이 중복되지 않고 사각지대 없이 촘촘히 제공될 수 있다. 이러한 연계는 법률에서도 강조하는 "통합적 지원"과 "지역사회 협력" 원리를 실현하는 핵심 장치다.

4) 정보관리 및 시스템
'학맞통'은 다영역 데이터를 통합 관리하는 정보 관리 체계를 기반으로 한다. 교육부와 한국교육개발원이 운영하는 '학맞통' 누리집과 학생지원정보 맵은 학교, 지역센터, 교육청, 중앙센터가 연계되는 통합 플랫폼 역할을 수행한다.

이를 통해 학생별 학습·정서·건강 지원 이력을 기록하고, 필요시 맞춤형 서비스를 신속하게 연결할 수 있다.

개인정보 보호와 데이터 안전은 법률과 지침에 따라 엄격히 관리된다. 모든 기록은 학생 및 보호자의 동의를 전제로 하며, 접근 권한은 최소화하고 로그 기록을 통해 추적 가능하도록 설계된다. 또한, 정보 시스템은 지원 실적 분석과 정책 평가에 활용되어, 전국적 표준 지원 체계 운영과 지속적 정책 개선을 가능하게 한다.

5. 정책 실행 전략과 운영 절차

1) 조기 발견 절차
'학맞통'의 출발점은 조기 발견이다. 정책의 효과는 학생의 문제를 얼마나 신속하고 정확하게 포착하느냐에 달려 있으며, 이를 위해 광명교육지원청을 포함한 다수 선도 지역에서는 다음과 같은 절차를 운영하고 있다.

① 선발 기준 설정이다.
 학습 결손, 정서·행동 문제, 학교폭력 위험, 건강·
 돌봄 필요성, 심리적 위기 등 다양한 영역에서 위험
요인을 설정하고, 정량적 지표와 정성적 관찰을 결합한다.

② 관찰 지표 활용이다.
 교사와 상담사는 학생의 출결, 학습 참여도, 행동 변화, 친구 관계, 정서 상태 등을 체계적으로 기록하며, 필요시 설문과 검사 도구를 활용한다. 이러한 데이터는 '학맞통' 위원회로 전달되어 분석된다.

③ 위기 학생 발견 후 개입 흐름이다.
 학생의 위험 신호가 확인되면 즉시 개입 계획이 수립된다. 단기적 조치(상담, 학습 지원, 의료 연계)와 장기적 조치(개인별 지원 계획 수립, 사례관리)가 병행되며, 이를 통해 사후적 대응이 아닌 예방 중심 지원을 구현한다.
이 절차는 학생을 조기 발견하고, 위험 요인을 사전에 제거함으로써 학습과 성장을 촉진하며, '학맞통' 정책의 예방적·선제적 성격을 실현하는 핵심 단계다.

2) 지원 계획 수립
 조기 발견 후에는 개인별 맞춤 지원 계획이 수립된다. 학교 내 지원팀과 위원회가 중심이 되어 학생의 학습, 정서·행동, 건강·돌봄, 진로 등 다양한 영역을 통합적으로 고려한다.

사례관리는 계획 수립의 핵심이다. 담당 교사 또는 교육복지사는 학생 상황을 지속적으로 기록·분석하고, 필요 시 계획을 보완한다. 정기 팀 회의에서는 진행 상황을 점검하고, 여러 전문가가 함께 의견을 교환하며, 문제 해결 전략을 조율한다.

계획 수립 단계에서는 학생과 보호자의 참여가 강조된다. 학생의 특성과 필요를 정확히 반영하고, 계획의 현실성과 수용성을 확보하는 것이 목표다. 이 과정을 통해 맞춤형 지원은 단순한 행정적 조치가 아니라, 학생 개별 성장과 연계된 실질적 교육지원으로 기능한다.

3) 지역 자원 연계
 '학맞통'의 실효성은 지역사회 유관 기관과의 연계에 크게 의존한다. 지역 내 복지기관, 보건소, 심리상담센터, 아동보호전문기관, 문화·체육 기관 등과 네트워크를 구축하고, 학생 개별 지원에 적극 활용한다.

실무적으로는 기관 찾기, 마을 지도 활용, 지역 네트워크 구성이 핵심이다. 각 기관의 역할과 연락 체계를 명확히 하고, 필요 시 즉시 연결할 수 있는 프로세스를 운영한다. 또한 정기 협의회와 사례 공유 회의를 통해 학교와 기관 간 신뢰를 강화하고, 학생 지원의 지속성과 전문성을 확보한다.

이와 같은 연계 체계는 학교 단독 지원의 한계를 보완하고, 학생맞춤지원의 통합성과 포괄성을 보장하는 핵심 장치이다.

4) 평가 및 환류
 모든 지원 과정은 평가와 환류 체계를 통해 지속적으로 개선된다. 성과지표는 학습 향상, 정서·행동 변화, 건강·돌봄 만족도, 진로 준비 정도 등 다영역으로 설정된다.

정기적 피드백 회의를 통해 팀 내 담당자와 교사가 평가 결과를 공유하고, 지원 계획을 조정한다. 또한 교육지원청 차원에서 데이터 분석을 실시하여 정책 개선과 우수 사례 확산에 활용한다. 이러한 환류 과정은 단발적 지원이 아니라, '학맞통'이 지속적·체계적 학습과 성장 체계로 자리매김하도록 하는 핵심 장치다.

5) 역량 강화
 정책 실행의 품질은 구성원의 전문성과 역량에 크게 의존한다. 광명교육지원청은 교원, 교육복지사, 행정 담당자 대상 정기 연수를 실시하고, 사례관리 전문가와 상담 전문가를 양성한다.

연수 프로그램에서는 맞춤형 지원 계획 수립, 사례 관리, 위기 개입, 지역자원 활용, 정보 시스템 활용 등 실무 중심 교육을 제공하며, 최신 정책과 지침을 공유한다. 이를 통해 각 구성원은 전문성을 지속적으로 개발하고, 정책 실행의 효율성과 실효성을 강화할 수 있다.

■ 소결(小結)

제2장에서 살펴본 바와 같이, '학맞통'은 단순한 교육복지 정책의 확장을 넘어, 모든 학생을 대상으로 한 통합적·맞춤형 지원 체계를 구축하는 교육혁신의 핵심 전략이다. 본 장에서는 개념과 정의, 필요성, 도입 배경, 목표와 원리, 추진 근거 법령, 운영체계, 정책 실행 절차를 종합적으로 분석하였다.

첫째, '학맞통'은 학습, 정서·행동, 건강, 돌봄, 진로 등 학생의 다양한 영역을 통합적으로 관리하고 지원하는 체계로 정의된다. 기존의 단편적·취약계층 중심 지원을 넘어, 모든 학생에게 보편적 권리를 보장하면서도 개별적 필요에 따라 차등적 지원을 제공한다는 점이 특징적이다.

둘째, 정책의 필요성은 급변하는 사회·교육 환경에서 학생들이 직면하는 복합적 문제에 대응하기 위해 나타난다. 학습격차, 정서적 위기, 돌봄 공백 등 다양한 요인이 교실 현장과 지역사회의 협력을 필요로 하며, 이를 통해 교육이 단순한 지식 전달을 넘어 학생 삶의 성장과 연결될 수 있다.

셋째, 정책 도입 배경은 기존 교육복지사업의 분절성과 한계, 교육부의 패러다임 전환, 그리고 통합적 지원 체계의 필요성으로 요약된다. '학맞통'은 조기 발견, 맞춤형 지원, 지역사회 연계라는 핵심 원칙을 기반으로 설계되었으며, 기존 사업과의 차별성을 통해 실질적·전면적 지원이 가능하도록 했다.

넷째, 운영체계와 추진 전략은 학교, 지역사회, 국가 단위의 다층적 연계 구조를 중심으로 구성된다. 학교 내 지원위원회와 지원팀, 지역센터, 중앙센터가 유기적으로 협력하며, 정보 시스템을 활용한 데이터 관리와 사례 중심 운영으로 중복과 사각지대를 최소화한다. 또한 조기 발견 절차, 맞춤형 지원 계획 수립, 지역 자원 연계 등의 구체적 실행 절차를 통해 학생 개별 성장과 복지 지원이 실질적으로 구현된다.

결과적으로 '학맞통'은 교육정책의 패러다임 전환을 상징하며, '한 아이도 포기하지 않는다'는 교육의 보편적 사명을 제도적으로 구현한다. 이는 단순히 제도의 도입에 그치지 않고, 학생 삶 전체를 포괄하는 통합적 안전망으로서 학교와 지역사회의 역할을 강화하며, 교육을 삶과 직결된 성장의 장으로 확장하는 의미 있는 진전으로 평가할 수 있다.

3장
하인리히법칙과 방관자 효과

▲경기도 광주시 오포초등학교 교직원 연수

제 3 장

I. 하인리히 법칙(Heinrich's Law)
   작은 신호와 위기 예방의 교육학적 함의

1. 정의와 심리학적 배경

1) 정의와 기본 원리
  하인리히 법칙은 1931년 H. W. 하인리히가 산업재해 사례 75,000건을 분석하면서 제시한 경험적 법칙으로, 한 건의 중대 사고가 발생하기 전에는 수십 건의 경미한 사고와 수백 건의 사소한 이상 징후가 반드시 존재한다는 점을 강조한다.
대표적인 통계적 비율인 1:29:300은 중대 사고 1건, 경미한 사고 29건, 사소한 징후 300건이 연쇄적으로 존재함을 나타낸다.[30]

교육 현장에 적용하면, 학생의 위기 행동이나 중대한 문제 상황은 갑자기 발생하는 것이 아니라, 이미 수업 태도, 학습 참여, 대인관계, 정서적 표현 등에서 나타나는 수많은 작은 신호의 누적 결과라는 것을 의미한다. 예를 들어 수업 집중력 저하, 과제 미제출, 지각, 혼잣말, 표정 변화, 체중 변화 등이 초기 신호가 될 수 있다.
이러한 작은 신호가 반복되거나 누적되면, 친구와의 갈등, SNS 부정적 게시, 무단 결석과 같은 경미한 사건으로 발전하고, 결국 자해, 학업 중단, 극단적 선택과 같은 중대 사고로 이어질 수 있다.

---
30 하인리히, H. W. 『산업재해 예방론』. 박영태 옮김, 한국산업안전보건공단, 2003.

2) 심리학적 배경
 하인리히 법칙은 인간의 위험 인식과 행동 변화의 누적적 효과를 이해하는 데 핵심적이다. 개인은 단일 사건을 과소평가하는 경향이 있으며, 작은 이상 행동이나 사건을 중요하지 않다고 판단할 수 있다. 그러나 반복적·누적적 현상은 정서적·행동적 위기와 직결된다.
이 법칙은 예방적 개입의 필요성을 과학적으로 뒷받침하며, 사소한 징후를 관찰하고 기록·분석·조기 개입함으로써 중대 위기를 예방할 수 있다는 실질적 근거를 제공한다.
교육 현장에서는 교사의 예민한 관찰과 기록, 다학제적 연계, 예방적 지원 체계 구축이 필수적이다. 이를 통해 학생의 안전과 학습 권리를 보호하고, 학교 공동체 차원의 예방 중심 문화를 강화할 수 있다.

2. 하인리히 법칙의 시사점

1) 조기 개입의 중요성
 ① 핵심 원리
 학생 위기는 갑자기 발생하지 않으며, 작은 징후가 누적
 되어 중대 사고로 이어진다.

 ② 실무 지침
  · 학생의 작은 행동 변화, 학습 태도 변화, 정서 표현 변화를
   주의 깊게 관찰한다.
  · 관찰한 사소한 징후는 즉시 기록하고, 정기적으로
   체크리스트에 업데이트한다.
  · 초기 징후 단계에서 교사, 상담교사, 학부모가 협력하여
   개입 계획을 수립한다.

③ 예시 체크리스트 항목:
  · 수업 집중력 저하
  · 과제 미제출 증가
  · 지각 반복
  · 혼잣말, 표정 변화, 멍한 태도
  · 친구와의 관계 변화

2) 작은 문제의 누적 → 큰 위기로 발전
 ① 핵심 원리
  초기에는 사소한 행동 변화라도 누적되면 정서적 고립, 학습 동기 저하, 대인관계 갈등으로 확대될 수 있다.

 ② 실무 지침
  · 동일한 학생에게 반복적으로 나타나는 작은 징후는 경미한 사건으로 발전할 가능성을 경고 신호로 간주한다.
  · 징후 관찰 기록을 바탕으로, 상담교사 및 학부모와 사전 개입을 계획한다.
  · 문제가 누적되는 경향이 보이면, 다학제 팀(담임, 교과 교사, 상담 교사, 전문기관)과 협력하여 통합지원 연계 절차를 진행한다.

 ③ 예시 사례
  · 학생 B: 지각과 과제 미제출이 반복 → 친구와 갈등 증가 → SNS에 부정적 글 게시 → 교사 개입 후 상담·통합 지원 연계
  · 학생 C: 수업 집중력 저하 → 멍한 표정·외모 변화 → 작은 신호를 기록하지 않음 → 결국 장기 결석

3) 예방적 접근의 과학적 근거
 ① 핵심 원리

하인리히 법칙은 위기가 예방 가능하다는 교육적 신념을 과학적으로 뒷받침한다.

② 실무 지침:
- 사소한 징후 단계에서 개입하면, 29건의 경미한 사건과 1건의 중대 사고를 사전에 차단할 수 있다.
- 징후 관찰·기록·공유 → 조기 상담 → 필요 시 통합 지원 연계 순서로 절차를 체계화한다.
- 정기적인 교사 회의에서 학생별 관찰 내용을 공유하고, 위험 신호가 누적되는 학생을 조기에 확인한다.

③ 실천 도구
- 위기 징후 체크리스트: 사소한 변화까지 기록
- 학생 관찰 일지: 매일 관찰 기록, 교사 간 공유
- 통합지원 연계 폼: 징후가 누적되면 상담교사·전문기관과 연결

4) 단계별 대응 모델 (교사용)

단계	관찰/징후	행동 지침	연계 대상
1단계	사소한 변화 (지각, 집중력 저하 등)	체크리스트 기록, 교사 관찰 공유	담임교사
2단계	반복/누적된 징후	초기 대화·관심 표현, 학부모 통보	담임+상담교사
3단계	경미한 사건 발생 (친구 갈등, 무단결석, SNS 부정적 게시)	상담교사 개입, 개별 상담 진행	담임+교과+상담 교사
4단계	중대 위험 발생 (자해, 학업 포기, 극단적 선택 시도)	긴급 통합지원 연계, 전문기관 개입	통합지원센터+전문기관

5) 체크리스트 예시(교사용)

☐ 수업 집중력 저하
☐ 과제 미제출 증가
☐ 지각 반복
☐ 친구 관계 변화
☐ 정서적 변화(표정, 혼잣말, 울음)
☐ 외모 변화(체중, 옷차림)
☐ SNS 게시글 변화(부정적·자해 관련)
☐ 교사 상담 필요 신호

6) 소결(小結)

학생 위기는 갑작스럽게 발생하지 않는다.
작은 신호를 놓치지 않고 기록·관찰·공유 → 조기 개입 → 통합지원 연계 순서로 대응하면, 경미한 사건과 중대 사고를 예방할 수 있다.
따라서 교사는 "작은 신호를 주의 깊게 관찰하고, 누적되기 전에 개입하는 예방 전문가"라는 역할을 수행해야 한다.

3. 하인리히 법칙 적용과 조기 개입

교육 현장에서 학생들의 위기 행동을 예방하고 관리하는 데 있어, 하인리히 법칙은 매우 중요한 기준점을 제공한다. 하인리히 법칙은 산업재해 예방에서 출발했지만, 교육 현장에서는 학생의 위기 행동 발생 전 나타나는 작은 징후와 사건을 관찰하고 조기에 개입하는 근거로 활용할 수 있다.
특히 학생맞춤통합지원 체계와 연계하면, 교사가 단일 사건을 놓치지 않고 체계적으로 대응할 수 있는 실무 틀을 제공한다.

본 장에서는 학생들의 행동 변화와 위기 징후를 '300의 징후'(사소한 이상 행동), '29의 사건'(경미한 위험 사건), '1의 중대 사고'(위기)' 단계로 나누어 구체적으로 설명한다.

1) 300의 징후(사소한 이상 행동)
 300의 징후는 가장 초기 단계에서 나타나는 사소한 이상 행동으로, 학생의 정서적·행동적 변화를 반영한다.
이 단계의 징후는 일상생활에서 쉽게 지나칠 수 있지만, 누적될 경우 중대 사건으로 이어질 수 있다는 점에서 교사의 민감한 관찰과 기록이 필수적이다.

대표적인 300의 징후는 다음과 같다.
① 수업 집중력 저하
 학생이 수업 중 멍하게 앉아 있거나 질문에 제대로 대답하지 못하는 경우를 포함한다. 수업 참여가 점차 낮아지고, 주의가 산만한 상태가 반복된다면 초기 관심이 필요하다.

② 멍한 표정, 혼잣말
 수업이나 쉬는 시간에 혼잣말을 하거나, 무기력해 보이는 표정이 반복된다. 이러한 행동은 정서적 불안정이나 내적 고민을 반영할 수 있으며, 초기 관찰 단계에서 기록되어야 한다.

③ 잦은 지각 및 과제 미제출
 규칙적인 지각이나 과제 제출 감소는 학생의 생활 리듬 변화와 학업 동기 저하를 나타낸다. 반복적인 지각이나 과제 미제출은 단순한 일시적 현상으로 넘기지 않고, 기록과 공유가 필요하다.

④ 외모 변화
 체중 변화, 옷차림 변화, 청결 상태 등 외적 변화를 관찰한다.

외모 변화는 정서적 스트레스, 식습관 변화, 자기 관리 능력 저하 등과 관련될 수 있으며, 사소하지만 의미 있는 경고 신호다. 교사는 이러한 사소한 징후를 관찰할 때 단순히 '사춘기 혹은 일시적 문제'로 판단하지 않고, 관찰 일지, 위기 징후 체크리스트 등을 활용하여 기록과 공유를 체계적으로 수행해야 한다. 300의 징후 단계에서의 기록과 공유가 이후 예방적 개입의 근거가 된다.

2) 29의 사건(경미한 위험 사건)
 300의 징후가 누적되면, '29의 사건' 단계로 발전할 수 있다. 이 단계에서는 주위 교사와 또래가 명확히 인지할 수 있는 사건들이 발생하며, 예방적 개입이 늦어지면 중대 위기로 이어질 가능성이 높다.

주요 29의 사건 유형은 다음과 같다.
① 친구와의 갈등
 반복적인 말싸움, 집단 내 소규모 갈등, 따돌림 등 대인관계 문제로 나타난다. 갈등의 빈도와 강도가 높아질수록, 교사의 개입 필요성이 증가한다.

② 일시적 무단결석
 특정 기간 반복적 결석이나 수업 참여 회피가 발생한다. 단순한 게으름으로 판단하지 않고, 개인적·정서적 문제 가능성을 검토해야 한다.

③ 부정적 SNS 게시글
 친구 관계, 학교 생활, 자기 자신에 대한 부정적 글 게시가 나타난다. 디지털 공간에서의 표현 역시 학생 정서 상태를 반영하며, 조기 대응 대상이 된다.

④ 복도에서 울음
 학생이 감정을 통제하지 못하고 공개적으로 울거나, 갑작스러운 감정 폭발을 보이는 경우이다. 다른 학생이나 교사가 목격할 수 있는 행동으로, 사소한 이상 행동에서 발전한 신호로 판단해야 한다.

⑤ 농담식 자해 언급
 "살고 싶지 않다" 등 심각한 내적 갈등을 농담처럼 표현하는 경우가 있다. 반복적으로 나타나면 중대 위험을 내포하고 있어 즉각적 대응이 필요하다.

 이 단계에서 교사는 단독 대응보다는 담임, 교과 교사, 상담교사, 학부모, 다학제 지원팀이 협력하여 학생 개별 지원 계획을 수립해야 한다. 조기 개입이 이루어지면 29의 사건은 중대 사고로 발전하기 전에 완화될 수 있다.

3) 1의 중대 사고(위기)
 29의 사건을 적절히 관리하지 못하면, 학생은 '1의 중대 사고' 단계에 도달할 수 있다. 이 단계에서는 사후적 대응이 중심이 되며, 학생과 학교 공동체 모두 심각한 영향을 받는다.

중대 사고 사례는 다음과 같다.
① 손목 자해
 직접적인 신체적 위기 행동으로 나타난다. 즉시 상담교사, 보호자, 전문기관과 연결이 필요하다.

② 학업 포기
 장기 결석, 학업 중단 선언, 학습 참여 의지 상실 등으로 나타난다. 학생에게 장기적 영향이 발생하며, 회복 과정도 길어진다.

③ 심각한 정신건강 위기
 우울증 진단, 입원 치료 필요, 극단적 선택 시도 등이 발생할 수 있다. 학교 단독 개입만으로는 대응하기 어렵고, 전문기관 연계가 필수다.
 이 단계에서는 학생맞춤통합지원센터와 협력하여 즉각적이고 통합적인 지원이 필요하며, 사후적 대응만으로는 학생과 학교 모두의 피해를 최소화하기 어렵다.

4) 조기 개입의 필요성
 교육 현장에서 300→29→1 단계는 단순한 사고의 진행 과정이 아니라, 학생의 행동 변화와 정서적 신호를 관찰하고 체계적으로 대응할 수 있는 실무 틀을 제공한다.
초기 징후를 기록·공유하고, 경미한 사건에 즉시 개입하면 중대 사고로의 발전을 예방할 수 있다.

교사는 다음과 같은 절차를 권장한다.
① 사소한 징후 기록
 관찰 일지, 위기 징후 체크리스트, 전자 기록 시스템 활용

② 공유 및 회의
 정기적인 학급 회의, 다학제 팀 회의에서 기록 공유 학생 행동 변화를 주기적으로 검토

③ 다단계 개입
  · 징후 단계: 담임 교사 개별 상담, 작은 관심 표현
  · 사건 단계: 상담교사 및 학부모 연계, 추가 지원 계획 수립
  · 위기 단계: 통합지원센터, 전문기관, 의료기관과 연계

5) 소결(小結)
 학생 위기는 결코 갑작스럽게 발생하지 않는다. 초기 사소한 징후가 누적되어 경미한 사건을 거쳐 중대 사고로 이어진다.
교사의 민감한 관찰과 기록, 체계적 공유, 다학제적 개입이 필수적이다.
학생맞춤통합지원 체계는 하인리히 법칙의 300→29→1 구조를 실무적으로 구현하여, 사소한 신호에서 중대 위기까지 이어지는 과정을 예방하고 관리할 수 있는 기반을 제공한다.
교사는 관찰자이자 조기 개입 전문가로서, 학생 안전과 성장의 첫 번째 책임을 수행해야 한다.

4. 하인리히 법칙 기반으로 학생 A 사례 분석

1) 사례 개요
 학생 A는 학교생활에서 점차 변화를 보이기 시작했으나, 초기에는 사소한 징후로만 나타나 교사들의 주목을 받지 못했다. 하인리히 법칙에 따르면, 중대 위기(1의 사고)에 도달하기 전에 여러 차례 경미한 사건(29의 사건)과 사소한 징후(300의 징후)가 발생한다.
본 사례에서는 징후 단계, 사건 단계, 위기 단계로 나누어 학생 행동 변화를 분석하고, 각 단계에서 교사가 취할 수 있는 실무적 대응을 정리한다.

2) 징후 단계: 초기 관찰과 사소한 이상 행동
학생 A는 초기 단계에서 다음과 같은 300의 징후를 보였다.

① 지각 반복
 아침 등교 시간이 자주 늦어졌고, 지각이 점점 일상화되었다. 지각은 단순한 시간 관리 문제로 오인될 수 있으나, 반복적인

지각은 학생의 생활 리듬 이상, 정서적 부담, 학교 회피 욕구를 반영할 수 있다.

② 수업 중 멍한 표정
 수업 시간 동안 집중력이 저하되었고, 질문에 대한 답변이 늦거나 부적절했다. 교사가 관찰할 수 있는 명확한 행동 변화였음에도, '사춘기적 일시 현상'으로 판단되어 개입이 늦어졌다.

③ 과제 미제출
 과제 제출 빈도가 점차 감소하였다. 초기에는 단순히 '게으름'으로 치부될 수 있으나, 반복적 미제출은 학업 동기 저하, 자기효능감 상실, 정서적 위축을 의미할 가능성이 있다.

④ 실무적 시사점
 · 관찰 기록
 교사는 초기 징후 단계에서 일상적 행동 변화를 기록 해야 한다.
 예) 위기 징후 체크리스트, 학급 관찰 일지, 전자 기록
 시스템 활용
 · 공유 체계
 담임, 교과 교사, 상담교사 간 징후를 공유하여 조기 개입의 기반 마련
 · 개입 접근
 가벼운 관심 표현, 수업 참여 유도, 학생과 1:1 대화 등 심리적 지지 시작. 징후 단계에서의 적극적 관찰과 초기 대응은 후속 사건의 발생 가능성을 줄이는 핵심 단계이다.

3) 사건 단계: 경미한 위험 행동의 등장
 학생 A는 징후 단계 이후 점차 행동에 변화를 보이며, 29의 사건 단계로 발전하였다. 주요 사건은 다음과 같다.
① 친구와 갈등

친구와 말싸움이 잦아지고, 소규모 집단 내 갈등이 반복되었다. 이는 대인관계 문제와 정서적 불안정을 나타내며, 주변 교사에게 인지될 수 있는 사건이다.

② SNS 부정적 글 게시
학생은 SNS에 "다 필요 없다" 등의 부정적 글을 게시하였다. 이는 내적 갈등, 좌절감, 소속감 상실을 반영하며, 교사와 또래가 확인할 수 있는 신호다.

③ 복도에서 울음
학생이 감정을 통제하지 못하고 복도에서 울음을 터뜨렸다. 이는 사소한 징후가 경미한 사건으로 발전한 대표적인 사례이며, 즉각적인 관심과 개입이 필요했다.

④ 실무적 시사점
- 조기 상담: 상담교사와의 면담, 학부모 연락 및 협의
- 행동 기록 강화: 징후 단계 기록을 포함한 사건 단계 행동 기록 공유
- 학제적 대응: 담임, 교과 교사, 상담교사, 학생 맞춤 통합 지원팀 협력
- 예방적 지원: 또래 관계 개선, 심리적 안정 지원, 학습참여 유도
- 사건 단계: 교사의 단독 개입보다는 공동 책임과 협력적 대응이 중요하다. 이를 통해 위기 단계로의 진행을 예방할 수 있다.

4) 위기 단계: 중대 사고의 발생
학생 A는 사건 단계에서 충분한 조기 개입이 이루어지지 않아, 결국 1의 중대 사고 단계에 도달하였다.

① 학업 포기 선언
 학생은 더 이상 수업 참여와 과제 제출 의지를 상실하고, 학업 포기를 선언하였다. 이는 장기 결석 및 학업 중단 가능성을 시사하며, 교육적 후속 조치가 필요하다.

② 손목 자해 시도
 자해 시도는 학생의 정서적 위기와 내적 갈등이 극에 달했음을 의미하며, 즉시 의료적·심리적 개입이 필요하다. 학교 단독 개입만으로는 대응이 어렵고, 전문기관 연계가 필수적이다.

③ 실무적 시사점
  · 즉각적 대응 전문기관 및 의료기관과 신속한 연계
  · 위기 개입 팀 구성: 담임, 상담교사, 학부모, 학교 행정 담당, 통합 지원팀이 참여
  · 기록 검토: 초기 징후부터 사건까지 기록 검토하여 향후 예방 전략 수립
  · 심리적 지원: 학생 안정화 및 신뢰 구축을 위한 집중 상담

 위기 단계에서는 단기적 대응과 장기적 회복 계획을 동시에 고려해야 한다. 사전 단계에서의 기록과 조기 개입이 충분했더라면, 중대 사고 발생 가능성을 낮출 수 있었다.

5) 담임교사의 회고와 교훈
 담임교사는 사건 이후 다음과 같은 회고를 남겼다.
 "작은 신호를 놓치지 않았다면 위기는 예방 가능했을지도 모른다."
 이 회고는 하인리히 법칙의 핵심을 보여준다. 즉, 사소한 이상 행동과 경미한 사건의 누적을 관찰하고 적절히 개입했더라면, 중대 사고를 예방할 수 있었음을 시사한다. 교육 현장은 단순한 사후 대응이 아닌, 조기 관찰과 예방적 개입이 필수적이다.

6) 실무적 적용 전략
학생 A 사례를 통해, 다음과 같은 실무적 대응 전략을 제시할 수 있다.

① 조기 징후 관찰과 기록
 수업 중 행동, 출결, 과제 수행, 정서적 변화 등을 체계적으로 기록 '위기 징후 체크리스트' 및 전자 기록 시스템 활용

② 공동 책임 및 협력 구조
 담임, 교과 교사, 상담교사, 통합지원팀이 협력
사소한 징후 발견 시 즉시 공유하고 대응 계획 수립

③ 다단계 개입
 · 징후 단계: 개인 면담, 관심 표현, 학습 참여 유도
 · 사건 단계: 상담 연계, 학부모 연락, 또래 관계 개선
 · 위기 단계: 전문기관 연계, 심리적 안정, 안전 계획 수립

④ 학생맞춤통합지원 체계 활용
 · 학교 공동체 차원에서 위험 신호를 체계적으로 관리
 · 개별 학생 특성에 맞춘 맞춤형 지원 제공
 · 기록과 사례 분석을 통해 예방 전략을 지속적으로 개선

7) 소결(小結)

 학생 A 사례는 300→29→1 구조를 명확히 보여준다. 초기 징후를 관찰하고 사건 단계에서 개입하지 않으면 중대 사고로 이어진다.
조기 개입, 기록과 공유, 다학제 협력, 통합지원체계 활용은 중대 위기 예방의 핵심이다.
교사는 단순한 관찰자를 넘어 조기 개입 전문가로서, 학생 안전

과 학습 환경 유지에 핵심적 역할을 수행해야 한다.
실무적 대응 매뉴얼과 사례 기반 체크리스트를 통해, 교육 현장은 학생의 작은 신호를 놓치지 않고 체계적으로 대응할 수 있다.

5. 하인리히 법칙과 학생맞춤통합지원의 연계

1) 개요

 학생 위기는 단순히 갑작스럽게 발생하는 사건이 아니다. 하인리히 법칙에 따르면, 중대 사고나 위기는 반드시 그 이전에 수많은 사소한 이상 징후와 경미한 사건이 누적되는 과정을 거친다. 산업 안전 분야에서 처음 제시된 이 법칙은 교육현장에서도 적용 가능하며, 학생 행동 변화와 위기 예방을 이해하는 데 유용하다.

학생맞춤통합지원 체계는 이러한 하인리히 법칙의 구조를 기반으로 설계되어, 초기 징후 단계에서부터 다학제적 개입과 공동 책임 구조를 통해 위기 발생을 예방할 수 있도록 구성되어 있다.
본 장에서는 구조적 시사점, 예방 중심 접근, 교사의 촉수와 협력 구조라는 세 가지 측면에서 연계를 분석하고, 실무적 적용 방안을 제시한다.

2) 구조적 시사점: 300→29→1 과정에서 조기 개입 틀 제공

 하인리히 법칙의 핵심은 300개의 사소한 징후 → 29개의 경미한 사건 → 1건의 중대 사고라는 연속적 구조다. 학생의 행동 변화를 이 구조에 맞춰 분석하면, 교육 현장에서의 조기 개입 필요성이 명확해진다.

① 300의 사소한 징후 단계
 학생이 수업 중 집중력 저하, 멍한 표정, 혼잣말, 과제 미제출, 잦은 지각, 외모 변화 등 경미한 행동 변화를 보이는 단계이다. 이러한 변화는 개별 교사에게는 사소하게 보일 수 있으나, 여러 교사가 관찰하고 기록할 경우 학생의 위험 신호를 조기 포착할 수 있다.

구분	관찰 항목	기록/행동 지침
학습	수업 집중력 저하, 과제 미제출, 반복적 지각	수업 중 관찰 후 학생 관찰 기록부에 입력
정서	멍한 표정, 혼잣말, 무기력 행동	일지 작성 후 주기적 점검
행동	친구와 거리두기, 교실 내 소극적 참여	담임교사와 공유, 필요시 상담교사 알림
외모	옷차림 변화, 체중 급감 등	변화 관찰 시 사진/메모 기록, 상담 필요 여부 판단

* 실무 지침
  · 모든 교사는 관찰 시 즉시 기록하고, 공유 플랫폼이나 관찰 일지에 입력
  · 사소한 신호라도 방치하지 않고, 주기적으로 관찰 점검

② 29의 경미한 사건 단계
 학생 간 갈등, 일시적 무단결석, 부정적 SNS 게시글, 복도에서 울음 등은 교사와 또래가 명확히 인지할 수 있는 사건이다.
 이 단계에서는 이미 사소한 징후가 누적되었으며, 신속한 다학제적 개입이 이루어지지 않으면 위기 단계로 발전할 가능성이 높다.

구분	사례	대응 행동
또래 관계	친구와 갈등, 언어폭력 발생	담임·교과교사 기록 후 상담교사 통보
출결	일시적 무단결석	행정팀과 공유, 학부모 알림
SNS·온라인	부정적 게시글 작성	상담교사 개입, 정서 점검
교내 관찰	복도에서 울음, 수업 중 반복된 긴장·불안	관찰 기록 후 즉시 1:1 면담

* 실무 지침
  · 초기 징후에서 사후 사건으로 전환되지 않도록, 기록 기반 다학제적 개입
  · 사소한 행동 변화와 경미한 사건을 연계 분석하여 위험도 판단

③ 1의 중대 사고 단계
 손목 자해, 학업 포기, 심각한 정신건강 위기 등은 예방적 개입이 충분하지 않았을 경우 발생한다. 이 단계에서는 사후 대응 중심이 될 수밖에 없으며, 학생과 가정, 학교 공동체 모두에 심각한 영향을 미친다.

구분	사례	즉각 대응
자해·위험 행동	손목 자해 시도, 자해 관련 발언	담임+상담교사+보건교사 긴급 개입, 보호자 연락
학업 위기	학업 포기 선언, 장기 결석	통합지원팀·교육청 연계, 맞춤형 학습 지원
정신건강 위기	심각한 우울증, 입원 필요	외부 전문기관 연계, 위기 개입 회의 개최

* 실무 지침
  · 중대 사고 발생 시, 사전 단계 기록과 공유 내용 활용 중
  · 위기 대응팀 즉시 구성, 단계별 대응 매뉴얼 준수

학생맞춤통합지원 체계는 이러한 구조를 기반으로, 각 단계에서 필요한 개입 틀과 책임 분산 구조를 제공한다. 사소한 징후 단계에서도 교사, 상담교사, 행정 담당자, 통합지원팀 등 학교 공동체가 협력하여 개입할 수 있는 시스템을 마련하는 것이 핵심이다.

3) 예방 중심 접근: 사전 단계에서 다학제적 개입 가능
 하인리히 법칙을 교육에 적용하면, 위기는 사전에 예방할 수 있다는 원칙이 강조된다. 학생맞춤통합지원은 이를 실현하기 위한 예방 중심 접근을 구조화한다.

① 조기 경보 및 기록 시스템
 모든 교사가 작은 이상 행동을 기록하고 공유할 수 있는 플랫폼 운영
위기 징후 체크리스트, 관찰 일지, 전자 기록 시스템 등으로 학생 행동 변화를 실시간 모니터링

② 다학제적 개입 체계
 · 담임, 교과 교사, 상담교사, 특수교사, 행정 담당자 등
   다양한 전문가가 초기 단계부터 개입
 · 사례 회의, 정기 점검 회의, 위기 학생 조기 경보 카드 활용
 · 초기 관찰 단계에서 심리 상담, 학습 지원, 또래 관계 조정 등 다양한 개입이 가능

③ 예방적 상담과 지도
 · 사소한 징후가 보일 때 단순 주의보다 개별 맞춤 상담을 실시

· 학생이 보이는 정서적, 학업적, 사회적 징후를 종합적으로 평가

초기 대응이 신속할수록 경미한 사건과 중대 사고로 발전할 가능성을 줄인다.
이러한 예방 중심 접근은 교사가 모든 책임을 혼자 감당하는 것을 방지하고, 학생맞춤통합지원 체계를 통한 조기 개입과 협력 구조를 실현한다.

4) 교사의 촉수와 협력 구조: 공동 책임과 네트워크
  하인리히 법칙과 학생맞춤통합지원 연계의 또 다른
  핵심은 교사의 촉수 확장과 협력 구조 구축이다.

① 개별 교사의 촉수
  · 담임교사와 교과교사는 수업 및 생활 관찰을 통해 초기 징후를 포착
  · 동 변화, 정서적 상태, 과제 수행 등을 기록하고 공유
    "작은 신호를 놓치지 않는 교사"가 될 수 있도록
    체크리스트와 일상관찰 지침 제공

② 학교 공동체 내 네트워크
· 한 교사의 부담을 줄이고, 모든 교사가 관찰자이자 개입자가 되는 구조
· 상담교사, 특수교사, 행정 담당자와의 정기적 정보 공유
· 복합적인 위험 신호를 공동으로 분석하고 개입 전략 수립

③ 교육청 및 외부 네트워크 연계
· 필요시 교육청, 지역 심리상담센터, 청소년 지원 기관과 연결
· 위기 상황에 대한 전문적 지원을 학교 차원에서 신속히 요청 가능

- 학교 내 공동 책임과 외부 네트워크를 결합해, 개입의 속도와 효율성을 극대화.

④ 책임 명확화와 문화 형성
- '누군가 하겠지' 라는 방관자 심리를 줄이고, 모든 교사가 적극적으로 관찰과 개입에 참여
- 위기 학생에 대한 대응은 특정 교사 한 명이 아닌, 팀 단위 책임과 역할 분담으로 진행
- 안전한 회의 문화와 사례 공유를 통해 교사가 오히려 부담을 느끼지 않고 행동할 수 있는 환경 마련

5) 실무 적용 사례
 예를 들어, 학생 B가 수업 중 집중력이 저하되고 멍한 표정을 보인다고 가정하자.
- 300의 징후 단계: 담임교사가 관찰 기록 후 공유 플랫폼에 입력
- 29의 사건 단계: 친구와 갈등이 발생하거나 부정적 SNS 게시글 작성 시, 상담교사와 학부모에게 즉시 공유
- 1의 중대 사고 단계: 자해 시도 또는 학업 포기 선언시, 통합지원팀과 교육청 연계하여 즉각적 대응

따라서 결과는 초기 단계부터 사전에 체계적 개입이 이루어졌기 때문에 중대 위기를 예방 가능하다.
이처럼 학생맞춤통합지원 체계는 하인리히 법칙 구조를 교사와 학교 공동체 차원에서 실천하게 하는 장치다.

■ 소결(小結)

① 구조적 시사점
· 하인리히 법칙의 300→29→1 구조는 조기 개입의 필요성을 명확히 보여준다.
· 학생맞춤통합지원은 각 단계에서 교사와 공동체가 체계적으로 대응할 수 있는 틀을 제공한다.

② 예방 중심 접근
· 사소한 징후에서부터 다학제적 개입이 가능하며, 초기 단계 대응이 중대 사고를 예방하는 핵심 전략이다.

③ 교사의 촉수와 협력 구조
· 개별 교사의 관찰 능력을 학교 공동체 및 교육청 네트워크와 연결
· 공동 책임, 역할 분담, 안전한 회의 문화를 통해 방관자 효과를 최소화
· 교사가 혼자 감당하지 않고, 팀 기반으로 대응할 수 있는 구조가 중요하다.

결론적으로, 하인리히 법칙과 학생맞춤통합지원의 연계는 사소한 신호를 놓치지 않고, 조기 개입과 공동 책임을 통해 중대 위기를 예방하는 실무적 지침을 제공한다.
교육 현장은 이를 기반으로 교사, 학교, 교육청이 협력하여 학생 안전과 학습 환경을 동시에 보호할 수 있다.

6. 학생맞춤통합지원 체크리스트(교사용)

1) 하인리히 법칙 기반 조기 개입용
① 1단계: 300의 사소한 징후

관찰영역	관찰 항목	체크	기록/조치
학습	수업 집중력 저하	☐	관찰 기록부 작성, 주간 점검
	과제 미제출/제출 지연	☐	관찰 기록부 작성, 담임 공유
출결	반복적 지각	☐	출결 기록과 비교, 필요 시 상담 알림
정서	멍한 표정, 혼잣말	☐	관찰 기록 후 주기적 점검
행동	친구와 거리두기, 소극적 참여	☐	담임·교과 교사 공유, 상담 필요 여부 판단
외모/건강	옷차림 변화, 체중 급감	☐	사진/메모 기록, 필요 시 상담 요청

* 실무 지침
 · 사소한 신호라도 반드시 기록하고 공유
 · 주 1회 이상 점검 및 누적 추적

② 2단계: 29의 경미한 사건

사건 유형	사례	체크	기록/조치
또래 관계	친구와 말다툼, 갈등	☐	상담교사 알림, 기록
출결	무단결석, 일시적 결석	☐	행정팀 공유, 학부모 알림
온라인	부정적 SNS 게시글	☐	상담교사 확인 후 면담, 기록
교내 관찰	복도에서 울음, 반복적 불안 행동	☐	관찰 기록 후 즉시 면담

* 실무 지침

- 초기 징후에서 사건으로 진행되지 않도록 기록 기반 개입
- 다학제적 팀 회의에서 우선순위에 따라 대응

③ 3단계: 1의 중대 사고

사고 유형	사례	체크	즉각 조치
자해/위험 행동	손목 자해, 자해 발언	☐	담임+상담+보건교사 긴급 개입, 보호자 연락
학업 위기	학업 포기 선언, 장기 결석	☐	통합지원팀·교육청 연계, 맞춤형 학습 지원
정신건강	심각한 우울증, 입원 필요	☐	외부 전문기관 연계, 위기 개입 회의 개최

* 실무 지침
- 중대 사고 발생 시, 사전 단계 기록과 공유 내용 활용
- 위기 대응팀 즉시 구성, 단계별 대응 매뉴얼 준수

④ 관찰 및 기록 공유 체크리스트

항목	체크	비고
모든 관찰 기록 주간 점검	☐	공유 플랫폼 업데이트
담임·교과·상담교사 간 정보 공유	☐	회의록 기록
외부 전문기관 연계 필요 여부 판단	☐	연계 시 기록 유지
학생 맞춤 통합지원 개입여부	☐	단계별 기록 유지

* 실무 활용 팁
- 주간 점검표 활용: 학생별 300→29→1 단계 확인
- 관찰 공유 플랫폼: 기록 공유 및 개입팀 회의 자료 활용
- 위기 경보 카드: 중대 사고 발생 시 신속 대응

・ 다학제 협력: 담임 · 교과 · 상담 · 보건교사 등 팀 단위 대응

7. 학생맞춤통합지원 적용 전략

1) 징후 기록 · 공유 시스템
　학생 위기 예방을 위해 가장 중요한 단계 중 하나는 작은 징후의 기록과 공유이다. 하인리히 법칙에서 강조하는 300개의 작은 징후는 사소해 보이지만, 장기적으로는 중대 사고로 이어질 수 있는 초기 경고 신호다.
교육 현장에서 이러한 징후를 놓치지 않고 체계적으로 관리하는 것이 필요하다.

① 기록의 중요성
　사소한 변화, 예를 들어 지각 반복, 과제 미제출, 수업 중 멍한 표정, 혼잣말, 친구와의 사소한 갈등, 외모 변화 등은 개별적으로 보면 큰 문제가 아닐 수 있다. 하지만 이러한 징후가 누적되면 29건의 경미한 사건과 1건의 중대 사고로 발전할 가능성이 크다. 따라서 작은 징후 단계에서 즉시 기록하고 공유하는 습관이 중요하다.

기록의 목적은 단순히 데이터를 남기는 것이 아니라, 교사와 학교 공동체가 학생의 변화를 조기에 파악하고 개입하도록 돕는 것에 있다. 기록을 통해 학생의 행동 패턴, 정서 변화, 학습 참여도 저하 등을 장기적으로 추적할 수 있으며, 이는 사후 대응보다 예방 중심의 개입을 가능하게 한다.

② 기록 방법과 도구
　・ 위기 징후 체크리스트: 교사가 매일 혹은 주 단위로 학생 관찰 내용을 기록하는 표준화된 양식.

- 항목 예시: 지각 횟수, 과제 미제출, 수업 집중력, 외모 변화, 정서적 변화 등
- 체크박스 형식과 비고란을 포함하여 사소한 행동까지 기록 가능
- 학생 관찰 일지: 개별 학생의 행동 변화를 일지 형식으로 기록
- 주 단위, 월 단위 추적 가능
- 교사 간 공유하여 학생 상황을 전체적으로 이해
- 공유 플랫폼: 교사, 상담교사, 보건교사, 행정실 등 관련 인력과 실시간으로 데이터를 공유하여, 책임의 분산을 방지하고 공동 대응을 촉진
- 기록·공유 시스템의 핵심은 모든 교사가 사소한 신호도 놓치지 않고 기록하며, 공유를 통해 개입 주체를 명확히 하는 것이다.

2) 다단계 개입 모델 설계

하인리히 법칙에서 강조하는 단계적 구조(300→29→1)를 교육적 상황에 맞게 변형하면 다단계 개입 모델로 설계할 수 있다. 각 단계별 개입은 사소한 징후에서 중대 위기까지 이어지는 과정에서 적절히 대응하도록 돕는다.

① 관찰 단계
- 목표
  작은 징후를 포착하고 기록
- 방법
  위기 징후 체크리스트 및 학생 관찰 일지 활용
- 체크포인트
  수업 집중도, 과제 제출 여부, 지각, 대인관계 변화, 정서적 상태 등 매일 관찰 후 주 단위로 정리하여 공유 플랫폼에 업로드

이 단계의 핵심은 경미한 변화도 중요하게 보는 습관이다. "조금 지각했으니 괜찮다"라는 판단을 방지하고, 작은 변화라도 기록과 공유가 이루어져야 한다.

② 사전 개입 단계
- 목표
  초기 징후에서 문제 확대 방지
- 방법
  - 교사가 학생과 1:1 면담
  - 소규모 상담, 정서적 지원, 학습 지도
  - 가정과의 소통(전화, 메일, 상담)을 통해 협력적 대응
- 체크포인트
  - 지각/결석 사유 확인
  - 학습 참여도 및 과제 미제출 원인 탐색
  - 학생 정서 상태 및 대인관계 점검

이 단계에서 중요한 점은 조기 개입이 위기를 예방한다는 신념이다. 초기 대응이 늦으면, 29건의 경미한 사건으로 발전할 수 있다.

③ 상담/전문기관 연계 단계
- 목표
  학교 내부에서 해결이 어렵거나 반복되는 문제를 외부 전문 자원과 연계
- 방법
  - 학교 상담 교사, 심리 전문가, 보건교사와의 협력
  - 필요 시 외부 심리 상담 기관, 청소년 상담센터, 지역 복지 기관과 연계
- 체크포인트:
  - 반복적 지각, 무단결석, SNS 부정적 게시물 등

지속적 문제
　　- 학생의 정서 및 행동 평가 기록
　　- 개입 계획 및 조치 내용 문서화
이 단계는 사소한 징후를 경미한 사건으로 발전시키지 않고, 사전에 차단하는 구조적 장치가 된다.

④ 통합지원 단계
　· 목표
　　학교 전체 및 교육청 네트워크 차원의 통합적 개입
　· 방법
　　-학생맞춤통합지원센터 개입
　　-다학제 팀(담임, 교과, 상담, 보건, 행정) 연계
　　-장기적 지원 계획 수립 및 주기적 모니터링
　· 체크포인트
　　-위기 학생별 개별화 학습 계획 수립
　　-심리·정서·사회적 지원 통합
　　-가정과 협력, 외부 전문기관 연계 지속

통합지원 단계는 한 교사의 부담을 넘어서 학교 공동체 차원의 예방·개입
구조를 실현한다. 하인리히 법칙에서 강조한 "큰 사고를 막기 위한 300개의 작은 징후" 대응이 실제로 가능해지는 단계이다.

3) 교육적 변형 모형 제안
　하인리히 법칙은 원래 산업 안전 분야에서 재해 예방을 위해 제시되었다. 이를 교육 현장에 그대로 적용할 수는 없지만, 예방 중심의 교육적 변형 모형으로 재구성하면 다음과 같다.

산업 안전	교육적 변형
300개의 사소한 이상 징후	조기 발견 단계: 학생의 사소한 행동 변화 기록·관찰
29건의 경미한 사고	사전 개입 단계: 교사 면담, 소규모 상담, 학습 지원
1건의 중대 사고	통합지원 단계: 다학제 개입, 학교·교육청 네트워크 연계

즉, 원래 하인리히 법칙의 단계 구조를 "조기 발견 → 사전 개입 → 통합지원"으로 전환함으로써, 학생 맞춤형 통합지원 체계가 예방 중심 모델로 기능하도록 설계할 수 있다.

① 모형 적용 원칙
  · 모든 교사는 작은 신호를 예민하게 관찰해야 한다.
  · 조기 개입은 사후 대응보다 중요하며, 사소한 문제도 방치하지 않는다.
  · 공동 책임 구조를 통해 한 교사의 부담을 경감하고, 학교·교육청 차원에서 연계 지원을 수행한다.
  · 기록과 공유는 반드시 실시간 또는 주기적으로 이루어져야 하며, 다단계 개입 과정에서 의사결정 자료로 활용한다.

② 실무 매뉴얼 예시
  · 주간 점검표 작성: 모든 학생의 300 단계 징후 관찰후 체크
  · 위기 징후 발견 시: 사전 개입 단계로 즉시 전환
  · 29 단계 사건 발생 시: 상담·전문기관 연계
  · 1단계 중대 사고 발생 시: 통합지원팀 가동 및 학교·교육청 차원의 신속 대응
  · 공유 시스템 활용: 교사, 상담, 보건, 행정 인력이 동시에 접근 가능하며, 개입 이력 기록 유지

③ 기대 효과
  · 조기 발견을 통한 위기 예방 강화
  · 반복적 경미 사건을 사전에 차단
  · 중대 사고 발생 가능성 최소화
  · 교사 부담 분산, 다학제적 협력 강화
  · 기록 기반의 객관적 의사결정 지원

4) 요약
 하인리히 법칙 기반의 학생맞춤통합지원 적용 전략은 "작은 신호를 놓치지 않고, 조기에 개입하며, 다학제 통합 지원으로 연계한다"는 원리를 실무화한 것이다.
 · 징후 기록 · 공유 시스템: 모든 사소한 행동 변화를
   기록하고 공유
 · 다단계 개입 모델: 관찰 → 사전 개입 → 상담/전문기관
   연계 → 통합지원 단계
 · 교육적 변형 모형: 300개의 작은 징후 → 29개의 사건
   → 1개의 위기 → 조기

8. 종합논의

하인리히 법칙은 산업 안전 분야에서 유래했지만, 교육 현장에서도 매우 유용하게 적용될 수 있다. 핵심 원리는 작은 신호를 놓치지 않고 조기에 개입하면 중대 사고를 예방할 수 있다는 것이다. 학생 위기는 갑작스럽게 발생하는 것이 아니라, 여러 차례의 사소한 이상 행동과 경미한 사건이 누적된 결과다. 따라서 조기 개입의 중요성은 단순한 선택이 아니라 필수적 대응 전략이다.
학생맞춤통합지원 체계는 이러한 하인리히 법칙의 원리를 제도적으로 구현한 구조이다. 즉, 개별 교사가 모든 징후를 단독

으로 관찰하고 대응해야 하는 부담을 완화하고, 학교 공동체 전체와 교육청 네트워크가 연계되어 사소한 신호부터 중대 위기까지 단계별로 대응할 수 있는 체계를 제공한다. 이를 통해 다음과 같은 효과를 기대할 수 있다.

1) 조기 발견 강화
 300개의 작은 징후 단계에서 행동 변화, 학습 태도, 정서적 신호를 기록하고 공유함으로써, 교사와 학교가 학생 상태를 실시간으로 파악할 수 있다.

2) 예방 중심 개입
 29개의 경미한 사건으로 발전하기 전에 사전 개입을 수행하며, 상담 교사나 전문기관과의 연계를 통해 중대 위기 발생 가능성을 최소화한다.

3) 공동 책임과 통합적 지원
 방관자 효과를 방지하고, 교사 개별 부담을 경감하며, 학교 전체와 교육청 차원의 공동 대응 체계를 구축한다.

4) 지속적 모니터링과 평가
 기록·공유 시스템과 다단계 개입을 통해 학생 상황을 지속적으로 추적하며, 필요 시 개입 전략을 조정하고 개선한다.

종합하면, 하인리히 법칙과 학생맞춤통합지원은 서로 보완적 관계를 형성한다. 한편으로 작은 신호의 누적이 큰 사고로 이어진다는 법칙의 통찰을 제공하고, 다른 한편으로 방관자 효과 등 현실적 제약을 극복할 수 있는 구조적·제도적 장치를 제공한다. 즉, 교육 현장은 '작은 신호를 놓치지 않는 교사'와 '누군가가 아닌 내가 먼저 나서는 책임 문화'를 동시에 필요로 하며, 통합지원 체계가 이를 가능하게 한다.

■ 소결(小結)

 학생의 위기는 결코 갑작스럽게 발생하지 않는다. 지각, 과제 미제출, 수업 집중력 저하, 친구 관계 변화와 같은 작은 신호들이 누적되어 경미한 사건을 만들고, 결국 중대 사고로 발전한다. 하인리히 법칙은 이 과정을 과학적으로 설명하며, 조기 개입의 필요성을 강조한다.

학생맞춤통합지원은 이러한 원리를 교육 현장에 실질적으로 구현한 체계이다. 사소한 징후를 기록하고 공유하며, 단계별 개입을 설계하고, 다학제 협력 구조를 운영함으로써 교사의 부담을 줄이고, 학교 공동체 전체가 학생 위기에 대응할 수 있는 환경을 제공한다.

따라서 교육 현장은 이제 위기 사후 대응 중심에서 징후 조기 발견과 예방적 개입 중심으로 패러다임을 전환해야 한다. 교사 개인의 민감성과 관심이 중요하지만, 조직적 지원과 제도적 장치가 함께 작동할 때, 학생들은 보다 안전하고 안정적인 환경 속에서 성장할 수 있다.

결론적으로, 작은 신호의 관찰 → 조기 개입 → 통합적 지원의 삼단계 원칙은 모든 교사가 실천해야 할 필수 지침이자, 학교 공동체가 지향해야 할 예방 중심 교육 철학의 핵심이다.

Ⅱ. 방관자 효과(Bystander Effect)

1. 정의와 심리학적 배경

1) 방관자 효과의 개념

　방관자 효과란 위기 상황에서 목격자의 수가 많을수록 오히려 개인이 행동에 나설 가능성이 줄어드는 심리학적 현상을 의미한다. 다시 말해, "많은 사람이 보고 있으니 누군가는 도와주겠지"라는 생각이 작동하여, 정작 누구도 실제 개입을 하지 않게 되는 역설적인 현상이다.
이는 단순히 개인의 무관심이 아니라, 집단 속에서 인간 심리가 보이는 특수한 패턴으로 이해된다.

　이 개념은 사회심리학에서 오랫동안 주목받아 온 주제이며, 특히 1964년 미국 뉴욕에서 발생한 키티 제노비스 사건은 방관자 효과 연구의 기폭제가 되었다. 사건 당시 제노비스가 아파트 앞에서 피습당했을 때, 수십 명의 목격자가 있었음에도 즉각적인 구조가 이뤄지지 않았다.
이 충격적 사건은 "왜 많은 사람이 있었는데도 아무도 개입하지 않았는가?"라는 근본적 질문을 던지게 만들었고, 이후 라타네(Latané)와 달리(Darley) 등의 학자들에 의해 본격적으로 체계화되었다.[31]

2) 세 가지 핵심 메커니즘

　방관자 효과를 설명하는 심리적 기제는 크게 세 가지로 정리된다.

---

31 라타네, 비브, & 달리, 존 M. (1993). 군중 속의 냉담: 방관자 효과와 인간 행동의 심리학(김영훈, 역). 학문사. (원서 출판 1970년)

① 책임 분산
 사람이 많은 상황에서는 책임이 특정인에게 귀속되지 않는다. "내가 하지 않아도 다른 사람이 하겠지"라는 심리가 작동하면서 개입의도가 약화된다.
 이때 개인은 자신이 행동하지 않아도 죄책감을 덜 느끼게 된다.

② 사회적 영향
 인간은 타인의 행동을 기준으로 자신의 판단을 수정하려는 경향이 있다.
따라서 위기 상황에서 주변 사람들이 가만히 있는 모습을 보면, 실제로는 심각한 상황임에도 불구하고 "별일 아닌가 보다"라고 오판하게 된다.
교육 현장에서도 회의 자리에서 교사들이 침묵하면, 발언하려던 교사도 스스로를 검열하며 침묵하는 경우가 이에 해당한다.

③ 평가 불안
 타인의 부정적 평가에 대한 두려움 때문에 행동을 주저하는 것이다. 잘못 개입하여 상황을 악화시킬까, 혹은 괜히 나섰다가 "오버한다"는 평가를 받을까 두려워 소극적으로 변한다. 한국 학교 문화처럼 위계가 뚜렷한 조직에서는 이러한 평가 불안이 더 강하게 작동한다.

3) 연구사적 맥락
  라타네와 달리는 1968년 일련의 실험을 통해 방관자 효과를 입증했다.
대표적으로, 대학생들을 개별적으로 또는 집단으로 배치한 뒤, 실험 상황에서 위기 신호(예: 다른 학생이 발작을 일으키는 상황)를 제시하였다.
결과는 명확했다. 혼자 있는 경우에는 신속히 도움을 요청했으나, 여럿이 함께 있을 때는 개입률이 현저히 낮아졌다.

이후 수십 년간 다양한 변인(연령, 성별, 문화적 배경, 상황의 모호성 등)을 고려한 연구가 축적되었다. 그 결과 방관자 효과는 단순한 우연이 아니라, 인간이 집단 속에서 보이는 보편적 심리 패턴임이 확인되었다.
다만 문화적 차이는 존재하여, 공동체주의적 문화권에서는 방관자 효과가 상대적으로 약하게 나타난다는 연구도 있다. 그러나 대체로 현대 도시 사회와 학교처럼 다수가 모여 있지만 개인의 책임이 모호한 공간에서는 이 효과가 강하게 드러난다.

4) 교육 현장에서의 구조적 특성
 학교는 다수의 교직원과 학생이 상시적으로 함께 생활하는 조직이다. 따라서 위기 상황이 발생했을 때 항상 '여러 목격자'가 존재하는 구조를 갖는다. 이 점에서 학교는 방관자 효과가 나타나기 매우 쉬운 환경이다.

예를 들어, 한 학생이 복도에서 눈물을 흘리고 있어도, 지나가는 여러 교사들은 '담임이 챙기겠지' '상담사가 개입하겠지'라고 생각할 수 있다. 또 회의 자리에서 누군가 학생의 이상 행동을 언급해도, 주변 교사들이 반응하지 않으면 발언자가 곧바로 주제를 접어버리기도 한다.
이러한 상황은 단순한 개인적 성향의 문제가 아니라, 학교라는 조직이 가진 구조적 조건과 인간 심리의 결합에서 비롯된다.

5) 이론적 의의
 방관자 효과 연구는 단순히 인간의 소극적 행동을 비판하는 차원을 넘어, 집단 상황에서 발생하는 책임의 공백과 개입 지연을 설명하는 과학적 틀을 제공한다. 교육학적으로 볼 때, 이는 학생 위기 대응 체계가 단순히 "마음 있는 교사"의 개인적 열정에만 의존해서는 안 된다는 점을 시사한다.

즉, 위기 상황이 발생했을 때 누군가는 반드시 개입해야 하지만, 방관자 효과가 구조적으로 작동하면 그 '누군가'가 실종될 수 있다. 따라서 교육 조직은 개인의 심리에 기대지 않고, 구조적으로 개입을 보장하는 제도적 장치를 마련해야 한다. 이것이 학생맞춤통합지원 체계가 존재해야 하는 근본적 이유 중 하나다.

■ 요약
- 방관자 효과: 목격자가 많을수록 개입 가능성이 줄어드는 현상
- 3대 메커니즘: 책임 분산, 사회적 영향, 평가 불안
- 교육 현장은 방관자 효과가 특히 강하게 나타나는 구조 따라서 위기 대응은 개인 심리가 아닌 제도적 장치를 통해 보장되어야 한다.

2. 학교에서의 상황

 방관자 효과는 학교라는 교육 현장에서 매우 구체적이고 현실적인 형태로 나타난다. 이는 단순히 심리학적 이론이 아니라, 교사와 학생, 그리고 조직 구조가 서로 얽힌 복합적 환경 속에서 나타나는 실질적 문제이다.
 방관자 효과의 핵심은 다수의 목격자가 존재할수록 개입 가능성이 줄어드는 역설적 현상이며, 이는 교육 조직에서 다양한 방식으로 구체화된다.

1) 책임 분산의 상황
 학교 현장에서 방관자 효과의 핵심적 기제는 책임 분산으로 나타난다.
특정 학생에게서 문제 징후가 반복적으로 관찰되더라도, 다수의 교사가 이를 동시에 목격 할 경우 개별 교사의 책임 의식이 희석되는 현상이 발생한다. 이는 결과적으로 위기의 조기 발견과 개입을 지연시키는 구조적 요인으로 작용한다.

 예컨대, 한 학생이 수업 시간 내내 주의 집중을 유지하지 못하고, 또래와의 갈등을 반복하며, 과제 제출을 지속적으로 소홀히 하는 경우가 있다.
이러한 행동은 담임 교사, 교과 교사, 상담 교사 등 여러 교사에게 분산적으로 관찰되지만, 각 교사는 자신의 개입 필요성을 낮게 평가한다.

- 담임 교사: "추후 상담을 통해 내가 처리할 것"이라 판단
- 교과 교사: "담임 교사가 이미 파악했을 것"이라 전제
- 상담 교사: "즉각적인 위험 상황은 아니므로 경과를 관찰"하자는 입장을 취하게 된다.

이처럼 관찰 주체가 다수일수록 개입의 책임이 타인에게 전가되는 심리적 메커니즘이 강화되며, 학생의 작은 신호는 체계적 보고나 개입으로 연결되지 못한 채 방치된다. 결과적으로 이는 사소한 문제가 중대한 위기로 전이될 가능성을 증폭시키는 결정적 요인으로 기능한다. 따라서 학교 공동체 차원에서 관찰 기록의 제도적 의무화, 징후 공유 시스템의 구축, 담당자 지정제와 같은 구조적 장치가 마련되어야 책임 분산을 최소화하고, 위기 예방 역량을 제고할 수 있다.

2) 사회적 영향과 침묵의 구조

두 번째 기제는 사회적 영향으로, 이는 개인이 자신의 독립적 판단을 유보하거나 수정하여 집단의 지배적 분위기와 규범적 기대에 순응하려는 경향을 의미한다. 교육 현장에서는 교무실이나 회의와 같은 집단적 맥락에서 이러한 현상이 뚜렷하게 나타난다. 특정 학생이 위험 신호를 보낸다는 사실을 일부 교사가 인지하더라도, 주변 동료 교사들이 이를 대수롭지 않게 여기거나 침묵으로 일관할 경우, 문제 제기를 시도하려던 교사는 곧 인지적 자기검열 상태에 놓이게 된다.

이는 곧 "나만 과도하게 예민한 것은 아닐까?"라는 메타인지적 불안을 강화시키며, 개입 행동을 억제하는 심리적 장벽으로 작용한다.
이러한 침묵의 동조는 학생 위기 상황의 조기 탐지 및 개입을 지연시킴으로써, 결과적으로 학생에게 치명적인 결과를 초래할 수 있다.

따라서 학교 조직은 교사가 관찰한 사소한 징후라도 자유롭게 공유할 수 있는 심리적 안전감을 제도적으로 보장해야 한다. 교무회의나 사례회의에서 위기의 단서를 망설임 없이 제시할 수 있는 분위기를 조성하는 것이 핵심이며, 이는 곧 '책임 회피적 방관'에서 '주체적 개입(내가 먼저 본다)'로의 문화적 전환을 의미한다.

특히 학교라는 집단적 환경에서는 교사들이 자신의 판단을 독립적으로 확신하기보다, 주변 동료의 반응을 사회적 준거로 삼아 행동을 결정하는 경향이 강하다. 예컨대, 교무회의에서 특정 학생의 우울 증세나 반복된 지각 문제를 담임교사가 언급하였음에도 다수의 교사들이 무반응이나 무관심으로 일관할 경우, 해당 발언은 조직 내 담론으로 확산되지 못하고 소멸한다. 이 과정에서 다른 교사들은 "나만 과민하게 반응하는 것은 아닐까"라는 인식을 강화하며, 결과적으로 회의록에도 기록되지 않고, 구체적 지원 계획 또한 수립되지 않는다.

따라서 사회적 영향은 개별 교사가 위기 징후를 명확히 인식하고 있음에도 불구하고, 집단적 침묵과 동조 압력에 의해 행동을 억제당하는 구조적 요인으로 작동한다. 이는 학생맞춤통합지원 체계의 설계와 실행에 있어 반드시 고려되어야 할 심리사회적 장애 요인으로 작용될 수 있다.

3) 평가 불안과 행동 주저
 세 번째 기제는 평가 불안이다. 개인이 개입했을 때 혹시 자신이 잘못 판단한 것은 아닐지, 괜히 나섰다가 부끄럽거나 불편한 상황에 놓이지는 않을지 걱정하는 심리다.
이는 교사가 위기 상황에서 개입을 주저하게 만드는 심리적 요인이다. 교사는 학생 문제를 목격했을 때, 행동을 취하면 자신의 판단이 틀렸다는 평가를 받을 수 있다는 우려, 혹은 학부모나 동료 교사에게 부정적 평가를 받을 수 있다는 두려움 때문에 즉각적인 개입을 망설인다.
"이러한 심리 기제는 교사에게도 동일하게 작용한다."
실제 사례를 보면, 복도에서 한 학생이 울고 있는 장면을 여러 교사가 목격했지만, 누구도 즉시 개입하지 않았다. 교사들은 동시에 두 가지 심리를 경험한다.
 "학생이 단순히 친구와 다퉜을 수도 있으니 괜히 나섰다가 오해받으면 안 된다."
 '괜히 개입했다가 학생이나 학부모에게 오해를 사는 건 아닐까?'
 "내가 먼저 나섰다가는 동료 교사들에게 민폐가 될 수 있다."
 이러한 불안은 교사의 전문성과 책임감을 약화시키며, 결과적으로 학생 위기 대응에서 '관망 태도'를 강화한다. 이를 극복하기 위해서는 교사의 개입을 정당화하고 보호하는 제도적 장치가 필요하다. 관찰 기록을 공식적으로 남기고, 모든 개입이 학생맞춤통합지원 체계 속에서 안전하게 연계되도록 하는 것이 그 예다.
따라서 교사의 개입을 정당화하는 신뢰망을 구축하는 것이 필요하다.

 이러한 평가 불안은 행동을 주저하게 하고, 위기 신호를 놓치게 만든다. 특히 학교 내 위계 문화가 강하거나, 교사 간 경쟁적 분위기가 존재할 경우 이러한 심리는 더욱 강화된다.

 4) 방관자 효과의 시사점
 방관자 효과가 작동하는 과정에서, 학생들은 지속적으로 위기 신호를 발산하지만 교사들은 이를 적시에 인지·개입하지 못하는 구조적 한계가 나타난다.

 ① 학업행동적 징후
 반복적인 지각, 수업 회피, 과제 수행 저하 등은 다수의 교사에게 관찰되지만, 개별 교사들은 이를 단순한 일시적 일탈로 간주하여 개입하지 않는 경향이 있다.

② 정서·심리적 징후
 울음, 혼잣말, 무기력과 같은 정서적 표현은 경미한 감정 기복으로 축소·해석되어 개입 시점을 상실한다.

③ 사회적 관계 징후
 또래 갈등, 교실 내 소규모 폭력, 부정적 언행 등은 '담임 교사가 담당할 사안'으로 전가되며, 제도적 보고나 협력적 개입으로 연결되지 않는다.

이와 같은 누적적 방치는 학습 동기의 저하, 사회적 고립, 심리적 위기 심화를 초래하며, 교사의 조기 개입 가능성을 현저히 축소한다.

따라서 방관자 효과가 제시하는 세 가지 심리 기제(책임 분산, 사회적 영향, 평가 우회)는 개인의 도덕적 선의나 자발적 용기만으로는 위기 학생을 구조적으로 보호할 수 없음을 시사한다. 이는 곧 교육 현장에서 제도적·구조적 개입 장치의 필요성을 함축한다.

 학생맞춤통합지원 체계는 이러한 한계를 보완하려는 제도적 시도로 해석될 수 있다. 이는 교사 개인의 임의적 개입이 아니라, 관찰된 징후의 체계적 공유를 통해 공동책임성을 확립하려는 제도적 장치이다.

특히,
- 책임의 명확화: "누가 개입할 것인가"를 분명히 하는 절차적 장치,
- 책임의 공유화: "누구든 개입할 수 있다"는 집단적 실천 문화를 병행적으로 구축하는 방식이 요구된다.

이를 통해 교육 현장은 "누군가 하겠지"라는 책임 전가의 문화에서 "누구든 개입할 수 있다"라는 집단적 대응 문화로 전환될 수 있다.

5) 교사 문화와 방관자 효과
 교직원 회의나 사례회의에서도 방관자 효과는 반복적으로 나타난다. 한 교사가 학생의 위험 신호를 제기했을 때, 다른 교사들이 반응하지 않거나 경미한 사건으로 축소하면, 발언한 교사조차 자신의 판단을 의심하고 추가 개입을 주저하게 된다. 이 과정에서 조직은 의도치 않게 "문제 제기 자체가 위축되는 문화"를 형성하게 된다.
 · 회의 중 침묵과 무반응 → 개입 포기 → 회의록 기록 누락
 · 반복적 사례 방치 → 조직 차원의 조기 대응 실패
 · 교사 개인의 부담 가중 → 위기 학생에 대한 체계적 관심 약화 이처럼 방관자 효과는 조직 문화와 연계되어 학생 위기 대응 능력을 구조적으로 제한한다.

6) 통합적 거버넌스 구축의 필요성
 방관자 효과를 교육 현장에서 극복하기 위해서는 단일 교사의 개입보다는 학교 공동체 차원의 통합적 연계가 필요하다.
 · 담임, 교과 교사, 상담 교사, 전문기관 간 역할 분담
 · 관찰 기록과 징후 공유 플랫폼 운영
 · '위기 학생 조기 경보 카드'와 같은 실천적 도구 도입

이러한 체계는 개별 교사가 방관자가 되는 심리를 제도적으로 억제하고, 학생 맞춤형 개입을 가능하게 한다.

3. 실무 적용

1) 책임 분산 예방

① 양상
- 여러 교사가 문제를 인지했으나 "담임 교사가 처리하겠지"라고 생각
- 상담 교사도 "아직 큰 위험은 아니니 기다리자" 판단

② 실무 적용
- 책임의 명확화
  각 교사는 관찰 즉시 기록 및 공유 의무
- 책임의 공유화
  담임-교과-전문인력 역할 구분, 사소한 징후도 누군가 반드시 확인

③ 체크리스트

점검 항목	행동 지침
학생 지각/결석 반복	기록 후 담당 교사에게 즉시 보고
과제 미제출 빈도 증가	관찰 기록, 상담 교사와 공유
정서적 변화(침울, 분노 등)	다른 교사와 공유, 조기 개입 여부 확인

2) 사회적 영향 대응

① 양상
- 회의에서 특정 학생 문제 제기 → 다른 교사 침묵 → 발언한 교사 개입 포기
- 동료 교사 태도를 보고 '별일 아닐 것'으로 판단

② 실무 적용
  · 안전한 회의 문화 조성: 문제 제기를 존중하고 기록
  · 동시 공유: 관찰 내용은 모든 교사가 접근 가능
    하도록 플랫폼화

③ 체크리스트

점검 항목	행동 지침
회의에서 학생 위기 언급	기록 후 회의록 공유, 후속 조치 계획 수립
동료 반응이 없음	담당 교사 개입을 위한 후속 회의 추진
관찰 내용 누락	시스템에 기록, 추적 확인

3) 평가 불안 해소
 ① 양상
  · "내가 오버하는 걸까?" "잘못 판단하면 문제
    생기지 않을까?"
  · 교사가 개입을 주저 → 위기 신호 미처리

② 실무 적용
  · 심리적 안전 확보: 교사 판단 보호 및 지지 체계 제공
  · 공동 관찰 시스템: 기록과 공유를 통해 판단 책임 분산

③ 체크리스트

점검 항목	행동 지침
위기 징후 관찰 시	즉시 기록, 동료 교사에게 공유
개입을 망설임	상담 교사와 협력하여 단계적 개입
오해 우려	학교 차원 안전망 활용, 보호 장치 확인

4) 사례 기반 실천 지침

① 사례; 1. 복도에서 학생 울음

발생 상황	적용 지침
복도에서 학생이 눈물 → 여러 교사 목격	- 즉시 담임, 상담교사에게 보고- 기록 및 공유 시스템 입력- 필요 시 조기 개입 및 후속 상담

② 사례; 2. 학급 내 지각 반복

발생 상황	적용 지침
학생 A, 수업 지각 빈번 → 교사들 관찰	- 관찰 체크리스트 기록- 담당 교사 개입, 상담 연계- 경과 관찰, 학부모 연락

③ 사례; 3 회의에서 침묵

발생 상황	적용 지침
우울 증세 언급 → 교사 반응 없음	- 회의록 기록 후 후속 회의 추진- 전문 인력과 조치 계획 수립- 정기적 추적 관찰

5) 다단계 대응 프로세스
 ① 관찰 단계
   · 모든 교사는 학생 행동 변화 기록
   · 사소한 징후도 관찰 체크리스트에 입력

 ② 보고 및 공유 단계:
   · 기록을 학생맞춤통합지원 플랫폼에 공유
   · 담임-교과-상담 교사 협력

③ 사전 개입 단계:
  · 담임/상담 교사 직접 개입
  · 필요 시 학부모 상담 또는 전문기관 연계

④ 통합지원 연계 단계:
  · 센터 및 외부 전문기관과 협력
  · 추적 관찰 및 후속 지원 계획 수립

6) 실무 포인트
  · "누군가는 하겠지" → "내가 먼저 확인한다" 문화 정착
  · 작은 행동 변화, 경미한 사건도 기록·공유
  · 교사 단독 개입이 아닌 공동 책임 구조 활용
  · 정기적 사례 회의 및 공유 플랫폼으로 지속적 추적

7) 체크리스트 요약

항목	예시	수행 여부
지각·결석	수업 지각, 무단 결석	☐
학습 참여	과제 미제출, 수업 집중력 저하	☐
정서 변화	울음, 혼잣말, 공격적 행동	☐
대인관계	친구 갈등, 소규모 폭력	☐
위기 언급	"죽고 싶다", "다 필요 없다"	☐
기록·보고	관찰 기록, 상담 공유	☐
후속 조치	상담, 학부모 연락, 전문기관 연계	☐

4. 방관자 효과와 학생맞춤통합지원의 적용

1) 사례 1 복도에서 울고 있는 학생
 중학교 복도에서 2학년 남학생 B가 혼자 눈물을 흘리고 있었다. 이 장면을 지나가던 여러 교사들이 목격했지만, 아무도 개입하지 않았다. 각 교사는 마음속으로 "담임 교사가 처리하겠지", "아직 큰 문제는 아닐 것"이라는 생각을 했다. 또한, 일부 교사는 "내가 오해하면 어떻게 하지?"라는 평가 불안을 느껴 개입을 주저했다.

① 심리적 요인 분석
 · 책임 분산: 다수의 교사가 목격했기 때문에 개별 교사의 책임감이 약화됨
 · 사회적 영향: 주변 교사들의 침묵은 '별일 아니다'라는 신호로 받아들여짐
 · 평가 불안: 잘못 판단해 학생이나 학부모에게 오해를 받을까 우려

② 결과 및 분석
 B 학생의 정서적 고립은 지속되었고, 결국 학급 내 참여가 줄고 과제 제출이 감소하였다. 후속 상담에서 학생은 "교실에서도 아무도 나를 신경 써주지 않았다"고 호소하였다. 만약 초기 목격 단계에서 교사 중 한 명이라도 적극적으로 개입했다면, 정서적 위기가 심화되기 전에 대응이 가능했을 것이다.

③ 적용 전략
 · 관찰 기록: 목격 교사가 '관찰 공유 플랫폼'에 학생 상태 기록
 · 담임 통보 및 상담 연계: 담임과 상담교사가 즉시 상황 확인
 · 전문 지원: 필요 시 맞춤통합지원센터와 연계하여 심리

상담 및 학습 지원 계획 수립
- 사후 관리: 회의에서 관찰 내용 공유 및 다음 조치 계획 확인 이 과정에서 방관자 효과는 시스템적으로 억제되며, 개입 지연이 최소화된다.

2) 사례 2 학급 내 반복 지각과 과제 미제출
　한 고등학교에서 학생 C가 최근 수업 시간에 자주 지각하고 과제 제출을 하지 않는 패턴이 나타났다. 교사들은 이를 단순히 '게으름' 혹은 '사춘기 증상'으로 판단하며 별다른 조치를 취하지 않았다. 그러나 교사의 일부는 교내 상담 자료를 통해 C가 가정 내 갈등과 스트레스로 인해 정서적 어려움을 겪고 있다는 정보를 알고 있었으나, 다른 교사들의 무관심 때문에 개입하지 않았다.

① 심리적 요인 분석
- 책임 분산: 지각과 과제 미제출은 전체 교사가 알고 있었지만, 개별 교사는 '담임이 할 일'이라 판단
- 사회적 영향: 다른 교사가 조용히 있는 모습을 보고 행동을 지연
- 평가 불안: 상담교사에게 연락하거나 학부모에게 문제 제기 시, 오해를 살까 두려움

② 결과 및 분석
　C 학생의 학습 동기는 급격히 저하되었고, 성적이 하락하였다. 이후 담임과 상담 교사가 협력하여 문제를 확인하고, 학생맞춤통합지원 센터를 통해 가정 상담과 정서 지원 프로그램을 연계했다. 조기 개입 덕분에 학생은 학급 생활에 점차 적응하며 위기를 회피할 수 있었다.

③ 실무 적용
- 조기 개입과 다학제 협력 체계 구축

- 징후 기록: 모든 교사가 학생의 사소한 학습 행동 및 변화 관찰 내용을 공통 기록
- 조기 경보: 학생맞춤통합지원 센터로 상황 공유, 상담 교사 개입
- 통합적 지원: 학업 지도, 정서 상담, 가정 환경 조율
- 평가와 피드백: 교사들이 개입 후 결과를 공유, 향후 대응 방안 논의 이 사례에서 개입 주체가 분명해지고, 사소한 징후도 놓치지 않음으로써 방관자 효과를 극복 할 수 있다.

3) 사례 3 교직원 회의에서 묻혀버린 문제
 D 학교에서는 교직원 회의에서 한 교사가 학생 D의 우울 증세와 학업 참여 저하를 언급했다. 그러나 다른 교사들은 별다른 반응을 보이지 않았다. 발언 교사는 동료 교사들의 침묵을 보고, 문제 제기를 중단하였다.
결국, 몇 개월 뒤 학생은 장기 결석 상태에 들어갔고, 위기가 명백히 드러난 이후에야 학교는 대응할 수 있었다.

① 심리적 요인 분석
- 책임 분산: 회의 내 다수 교사가 문제를 인지했으나, 개별 교사가 먼저 개입하지 않음
- 사회적 영향: 침묵하는 다수의 태도가 문제 제기 의지를 억제
- 평가 불안: 자신의 판단이 과도하거나 잘못될 수 있다는 두려움

② 적용 전략
- 회의 기록 및 문제 제기 사항 공유
- 회의 후 담당 교사와 상담 교사가 후속 개입 계획 수립
- 통합지원 연계: 필요 시 외부전문가 및 학부모 상담 진행
- 학생맞춤통합지원 센터와 연결하여 다학제적 지원

4) 사례 4 반복된 지각을 심각히 받아들이지 못한 교사
 학생 E는 지속적으로 수업에 지각하며, 과제 미제출이 잦았다. 담당 교사는 이를 문제로 인식했으나, 동료 교사들이 별다른 반응을 보이지 않자 자신이 너무 예민한 것은 아닌지 자문하며 개입을 미루었다.
결국 학생은 사회적 고립과 정서적 위기로 인해 단기간 결석을 반복했다.

① 심리적 요인 분석
 · 책임 분산: 다른 교사들이 문제를 심각하게 받아 들이지 않음
 · 평가 불안: '나만 예민한가?' 생각 → 개입 주저
 · 사회적 영향: 동료 교사의 무관심 → 문제 축소

② 적용 전략
 · 동료 교사와 공동으로 관찰 내용 공유
 · 사소한 징후라도 기록 후 상담 교사와 즉시 연계
 · 학생맞춤통합지원 센터 연계를 통해 전문적 지원 확보

5. 실무적 체크리스트

 교사가 방관자 효과를 인지하고 맞춤통합지원과 연계할 수 있는 실무적 체크리스트는 다음과 같다.

1) 관찰 및 기록
 ☐ 학생의 사소한 행동 변화 기록
 ☐ 정서적 신호(울음, 불안, 무기력) 기록
 ☐ 학습 행동 변화(과제 미제출, 지각, 집중력 저하) 기록

2) 보고 및 공유
 ☐ 담임 및 상담 교사에게 즉시 보고

□ 통합지원 플랫폼에 기록 공유
　　□ 필요 시 학부모 연락 및 상황 공유

  3) 개입 및 연계
　　□ 사전 개입: 대화, 관심 표현, 격려
　　□ 전문 상담 연계
　　□ 학습 · 정서 · 가정 지원 계획 수립

  4) 사후 관리
　　□ 관찰 내용 및 개입 결과 기록
　　□ 교사 회의에서 문제 논의 및 피드백
　　□ 후속 조치 점검 및 필요 시 추가 지원

■ 소결(小結)

　방관자 효과는 다수의 목격자가 존재할 때, 개인의 개입 가능성이 줄어드는 심리적 현상으로, 교육 현장에서는 학생 위기 대응 지연의 핵심 요인이 된다. 학생들이 보내는 사소한 신호가 여러 교사에게 포착되더라도, "누군가 하겠지"라는 사고, 주변의 침묵, 평가 불안 때문에 적절한 개입이 이루어지지 않는 경우가 많다.

학생맞춤통합지원은 이러한 문제를 제도적으로 극복하는 장치로서 다음과 같은 특징을 가진다.

　첫째, 책임의 명확화
담임 · 교과 교사 · 상담교사 · 전문 인력 등 각자의 역할을 구체적으로 설정하여 책임 분산을 방지한다.

둘째, 조기 관찰 및 공유
사소한 징후라도 기록하고 공유할 수 있는 플랫폼과 체크리스트를 운영함으로써, 작은 신호가 놓치지 않도록 한다.

셋째, 다단계 개입 구조
관찰 → 사전 개입 → 통합지원 연계의 순차적 프로세스를 통해, 방관자 효과로 인한 대응 지연을 최소화한다.

넷째, 교육환경 패러다임의 변화
"누군가 하겠지"가 아니라 "내가 먼저 본다"는 책임 문화를 정착시켜, 모든 교사가 적극적으로 개입하도록 조직 문화를 설계하는 것이 필수적이다.

이에 따라 학생맞춤통합지원은 방관자 효과로 인한 개입 지연을 예방하고, 미세한 징후조차도 실질적 지원으로 연결할 수 있는 제도적·실천적 메커니즘임이 확인된다.

학교 내 모든 교사가 관찰자이자 개입 주체로서 기능할 때, 학생 위기는 조기 발견과 예방적 개입을 통해 최소화될 수 있으며, 이는 곧 안전한 학습 환경과 건강한 성장을 보장하는 교육 공동체로의 이행을 가능케 한다.
더 나아가, 이러한 전환은 세계 경제 규모 상위권에 위치하며 1인당 국민소득 4만 달러 수준을 달성한 한국 사회의 구조적 그늘을 직시하고, 이에 대응하는 교육환경 패러다임의 변화를 반영한다. 이는 선택적 과제가 아니라 시대적·사회적 책무로 인식되어야 하며, 교육의 새로운 규범적 표준으로 확립되어야 한다.

Ⅲ. 학생맞춤통합지원 체계 구축을 위한 준비

1. 교육 계획 수립 단계에서의 협의
- 연간 학교교육계획 수립, 신학년 준비 기간 등 주요 교육 활동 계 획 단계에서 학생맞춤통합지원을 고려한 논의를 통해 교육 구성원의 이해를 도모한다.
- 학교별로 지원이 필요한 학생의 특성과 지도 방법에 대한 검토를 포함한다.

2. 부서별 사업 및 예산 공유
- 학생별 필요 지원과 방법이 다르므로, 모든 교육 구성원이 부서별 사업 내용, 예산, 도움 요청 절차를 충분히 이해하고 공유할 필요가 있다.

3. 학생맞춤통합지원팀 구성
- 학생맞춤통합지원팀은 학교 내부 상황과 학생 특성에 맞춰 유연하고 탄력적으로 구성한다.
- 기존 위원회나 조직을 통합·활용할 수 있다.

4. 연수 및 컨설팅 실시
- 교직원을 대상으로 학생맞춤통합지원 철학과 공감대 형성을 위한 연수를 진행한다.
- 필요 시 교육지원청 컨설팅을 요청하여 학생 이해와 사례별 구체적 지원 방법을 모색한다.
- 보호자를 대상으로 한 연수를 통해 학생맞춤통합 지원에 대한 이해 높인다.

Ⅳ. '하인리히법칙'과 '방관자효과'가 시사하는 교실

1. 교실에서 말하지 않는 신호
- 조용해진 아이, 자주 엎드리는 아이,
- 눈을 피하는 아이, 혼잣말이 잦아드는 아이…
- 이런 행동들은 그저 피곤함이 아니라,

우리가 보기에는 사소해 보이지만, 사실은 이것들이 작은 도움, 요청의 신호일 수 있다. 그런데, 그 작은 신호를 혼자 감당하려다 놓쳐버린 경험이 누구나 한 번쯤은 있다.

2. 작은 신호와 교사의 예리한 촉수(觸手)
- 학생이 어느 날부터 잘 엎드려 있고 말이 없어진다.
- 담임교사가 학생에게 상담을 권유했는데 학생은 괜찮다고 한다.
- 담임교사는 학생을 그저 멀리서 관찰하기만 한다.

학생이 엎드리다 담임교사와 한 번씩 눈이 마주치면 교사는 씽긋 웃어주기만 했다. 이 웃음 속에는 '난 너옆에 있어. 힘들면 언제든지 와서 얘기해 주렴' 이라는 의미가 내포되어 있었다.
이런 선생님의 마음을 안 걸까?
학생은 며칠 뒤 친구와의 오랜 갈등을 털어놓기 시작한다.
선생님은 그때 다시 한번 깨달았다고 합니다. 그 엎드림이 작은 신호였다는 걸…

- 이처럼 아이들은 말 대신 행동으로 신호를 보내고 있다. 이 신호를 놓치지 않기 위해 우리들은 혼자 판단하고 책임지기보다 <u>함께 개입하고, 함께 연결되는 구조 안</u>(학생맞춤통합지원체계구축)에 있어야 한다.

3. 하인리히법칙과 학생맞춤통합지원

 1) 하인리히법칙의 정의
　'작은 신호를 무시하면 큰 사고로 돌아온다' 라는 1:29:300의 법칙.
1건의 중대 사고가 발생하기 전에 이미 29건의 경미한 사고가 있고, 그 전에 300건의 사소한 징후나 이상이 있었다.
즉. 큰 문제는 갑자기 생기는 게 아니라, 작은 문제들이 누적되면서 생긴다는 의미다.
예시)
어느 날 한 아이가 친구에게 소리를 지릅니다.
다음날은 욕설이 섞이고 일주일 뒤에는 교실 바닥에 의자가 던져졌습니다.
사실, 그 아이는 이미 몇 주 전부터 무기력, 혼잣말, 지각 등 다양한 작은 신호를 보내고 있었는데, 아무도 그것을 사고로 인식하지 못하고 있었습니다. 이렇게 사고는 어느 날 갑자기 생기지는 않습니다.

2) 학생들에게 나타나는 위기의 전조증상
3) '소리 없는 외침'을 놓치지 않는 교사
 －학생들이 말로 표현하지 않고 소리 없이 외치고 있음을
　 놓치지 않아야 된다.
 • 1명의 위기 학생(큰 문제)이 발생하기 전에는
 • 29명의 잠재적 위험 학생 (주의가 필요한 학생) 이 있고,
 • 300번의 '작은 이상 징후' 학생이 있었다.

4) 하인리히법칙과 학생맞춤통합지원의 관계
 • 문제 행동 이전의 '작은 침묵' 의 작은 신호를 빨리
　 발견하고
 • 위기는 갑자기 오는 것이 아니라, 서서히 다가온다.

- 적절한 지원과 사전 개입을 하면 큰 위기로 이어지지 않게 예방할 수 있다
- 조기 개입은 복잡한 사안으로 커지기 전에 단순하고 자연스럽게 개입할 수 있는 기회

4. 방관자의 효과와 학생맞춤통합지원

1) 방관자의 효과 정의
 도움을 필요로 하는 사람이 있을 때, 주변에 사람이 많을수록 '누군가가 도와주겠지', '누군가 하겠지' 하고 서로 책임을 미루게 되는 현상. 모두가 보고 있지만, 아무도 행동하지 않게 되는 현상
2) '작은 징후'를 놓치지 않는 교사
 ① 작은 징후는 우연이 아닌 구조적 위험의 경고음
  - 학생의 태도, 말, 눈빛 등의 변화는 우연이 아니라 학생이 처한 어려움이나 위험의 신호일 수 있기 때문에 예민하게 감지하고 관찰할 필요가 있다.

300 (사소한 징후들)	• 수업 시간 집중력 저하 • 점점 줄어드는 대인관계 • 외모 변화 (옷차림, 체중 감소 등)	• 혼잣말 또는 멍한표정 • 과제 미제출, 지각 반복
⇩	⇩ ⇩	⇩ ⇩
29 (경미한 사건들)	• 친구와의 갈등·다툼 • SNS에 부정적인 글 게시 모습 목격	• 일시적 무단결석 • 복도에서 눈물 흘리는 • "살기 싫다"는 말 농담처럼 표현
⇩	⇩ ⇩	⇩
1 (심각한 사고)	• 손목 자해 시도 • 입원 또는 학업 중단	• 정신건강 위기(우울증 진단)

② 사소해 보이는 행동 변화는 '정서적 침묵의 표현'
- 학생들은 말로 표현하지 않고 말없이 도와달라는 신호를 보내고 있다. 작은 행동의 변화로 '나 힘들어요' 암흑적인 신호를 보내고 있으므로 학생의 작은 행동 변화에 관심을 가질 필요가 있다.

③ '누군가 하겠지' 라는 생각이 방관자 효과로 작동 된다.
- 여러 교사가 다같이 위기 학생을 목격하고도 누군가가 조치하겠지'라는 생각으로 지나치면, 결국 아무도 개입하지 않는 방관으로 이어진다. 따라서 교사 개개인이 '내가 먼저 다가간다' 는 태도를 갖는 것이 중요하다.

④ 정서적 안전망은 교사의 관심 표현에서 출발한다.
- 학생의 기분이나 얼굴 표정을 관찰하면서
"오늘 피곤해 보인다. 요즘 힘들어 보이는 거 같네. 얼굴이 어두워 보인다. 무슨 일 있니?"라는 작은 관심은 학생들이 마음을 열 수 있는 열쇠가 될 수 있기 때문에 꾸준한 관심 표현이 중요하다.

작은 징후에 대한 교사의 선제적 관심은 필수적이며, 학생의 신호는 공동의 대응이 필요한 사안이다. 구성원들이 함께 인식하고 개입할 때 학생맞춤통합지원 체계는 더욱 견고해진다.

3) '누군가 하겠지'의 심리와 방관

구분	주요내용	비고
책임분산	· 사람이 많을수록 나보다 더 적합한 사람이 있겠지? 라고 생각함 예) 복도에서 울고 있는학생을 여러 교사들이 목격을 했지만, 각자 "뒤에 담임교사가 오고 있으니 볼거야", "누군가가 조치하겠지" 하고 지나가게 됨 결국 학생은 누구의 보살핌도 없이 방치하게 됩니다.	담임, 교과교사, 전문인력 간 역할이 명확화할 필요
사회적 영향	· 주위를 살피며 다른 사람들의 반응을 따르게 됨 · 아무도 안움직이는데 괜히 튀는 행동 하지말자 라며 주저하게 됨 예) 교직원 회의 시간에 정서적 문제 학생에 대해 언급하려는데 누구도 말을 하지 않자, 혼자 예민한 생각하는거 같아서 망설이다가 언급하지 않음	누구도 먼저 문제를 제기하지 않기 때문에 발생됨 => 작은 신호를 누구든지 먼저 언급하는 문화가 필요
평가불안	· 잘못된 판단이나 실수했을 때 다른 사람의 시선이 걱정 되어 행동을주저하게 됨 예) 담임교사가 학생의 말투와 눈빛에서 이상 신호를 감지했지만, 사춘기라서 그런건지, 내가 잘못 본건지 확신할 수가 없어서 주저하다가 그냥 지나침 결국 문제가 발생한 후에 그때의 그 눈빛이 경고였음을 감지하게 됨	괜히 유난스러워 보일까봐 걱정 때문에 발생됨 => 사소한 관찰도 존중하는 분위기 조성 필요

4장 기관별 조직구성과 운영 사례

▲경기도 시흥시 한국 글로벌중학교 교직원 연수

제 4 장

Ⅰ. 학생맞춤통합지원 조직구성

1. 교육지원청

① 교육지원청 학생맞춤통합지원 운영 조직
 □ 체계 구축도

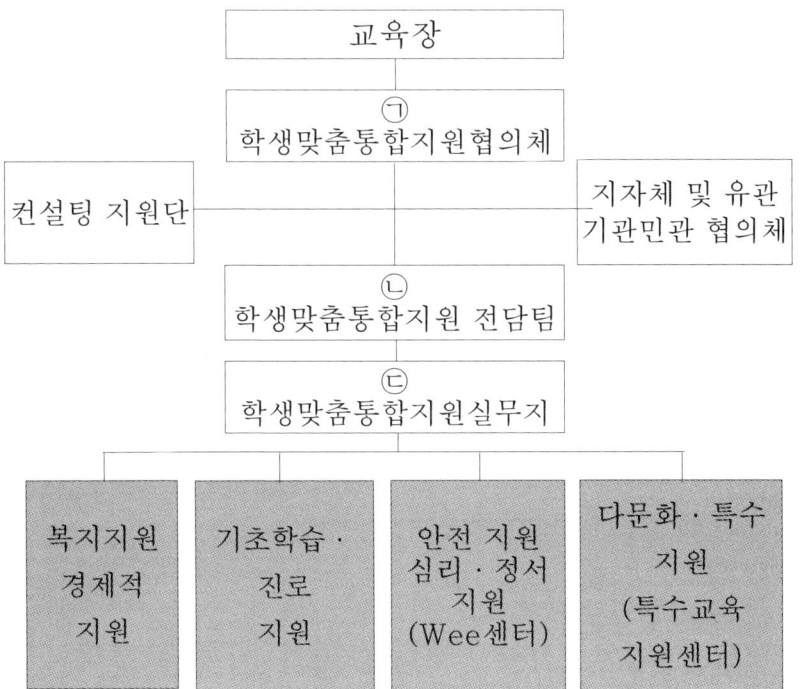

㉠ 학생맞춤통합지원협의체
  교육지원청 내 주요 부서장이 결합하여 학생맞춤통합지원 협의체 구축·운영
(구성) 교육장, 부서별 국장, 과장, 각 부서별 팀장 장학사, 학생맞춤통합지원 업무 담당, 그 외 학생지원 관련 담당 등
(역할) 학생맞춤통합지원을 위한 유관부서 간 협조 사항 및 협력 방안 등 논의
(운영) 정례화 운영(분기별 or 학기별 1회)

㉡ 학생맞춤통합지원 전담팀
  단위학교 학생맞춤통합지원팀 협의후에도 해결되지 않아 학교에서 도움을 요청한 학생에 대한 교육지원청 직접 지원 대상 학생 선정 및 지원을 위한 협의회운영
(구성) 필수위원, 유동위원으로 운영
 - 필수위원: 학생맞춤통합지원 업무담당 장학사, 주무관, 교육복지조정자, 위(Wee)센터 실장, 사회복지사 등
 - 유동위원: 기초학습담당 장학사, 문화예술 담당 장학사, 특수교육지원센터 팀장, 학교폭력, 아동학대 등 위기학생 담당 장학사 등
(역할) 학생 진단 및 지역 연계 방안 모색, 부서 간 역할 협의, 학생 지원 방안 협의 등
(운영) 정례화 운영(월 1회 or 수시 운영)

㉢ 학생맞춤통합지원 실무지원단
  학교의 연계지원 의뢰 된 위기 학생에 대한 지원 방안 or 자문 등으로 협의 및 실무 지원
(구성) 학생맞춤통합지원 업무 담당자, 교육복지조정자, 유관부서 및 관련 센터 업무 실무자 등
(역할) 각 사업 부서에서 발굴되는 도움이 필요한 학생 및 학교에서 위기학생으로 의뢰된 학생 지원을 위하여 부서 간 상호 협력
(운영) 정례화 운영(월 1회)

□ 실무지원단

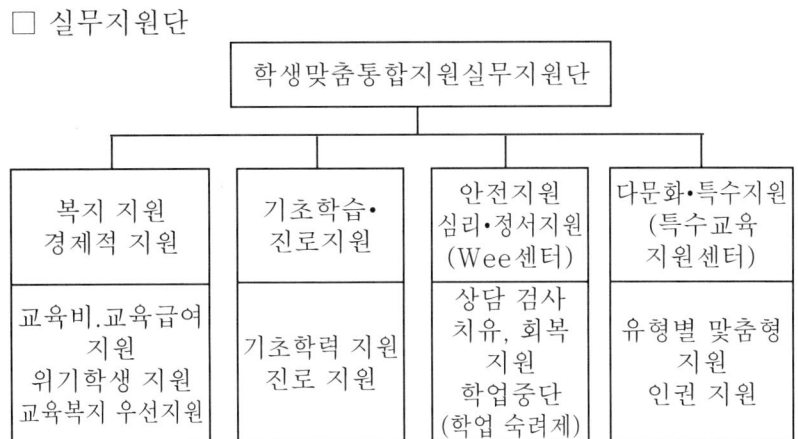

② 학생맞춤통합지원 주요 활동
 □ 학생맞춤통합지원 과정별 주요 활동 예시

□ 학생맞춤통합지원 운영 체계도

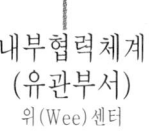

3단계 (교육지원청)
• 학생맞춤 통합지원 하나로! 운영
• 학생맞춤 통합지원 권역별 협의체 운영
• 지역/외부기관 연계

2단계 (학교 + 교육지원청)
• 학생맞춤 통합지원팀 운영 컨설팅
• 학교로 찾아가는 통합사례회의 지원
• 교육지원청 내부 자원 연계
• 지역/외부기관 연계 지원

1단계 (학교)
• 학생맞춤 통합지원팀 구성 운영
• 사례발굴 및 모니터링
• 사례회의 및 맞춤형 통합지원
• 학교 상담, 집단 프로그램 등 내부 지원
• 지역/외부기관 연계

내부협력체계
(유관부서)
위(Wee)센터

외부협력체계
교육복지지원센터
(지자체)
기초학습지원센터
광명시청
특수교육지원센터
행정복지센터
다문화 담당 등
(지역관리)
종합사회복지관
복지/상담 관련기관

□ 학생맞춤통합지원 운영 체계도 단계별 역할

1단계 [학교]	2단계 [학교+교육지원청]	3단계 [교육지원청+지역기관]
학교 – 학생맞춤통합지원팀(자체해결)	교육지원청 – 학생성장지원팀 (교육지원청 내 유관사업)	교육지원청– 학생성장지원팀 (교육지원청+지역기관)
– 교내 학생맞춤통합지원팀 운영으로 학교 자체 해결이 가능한 경우 교내 유관사업 연계를 위한 계획수립 – 학생 맞춤형 지원을 위한 계획 수립 및 업무 분담 – 지속적 모니터링 필요	– 학교 학생맞춤통합지원팀 운영만으로 어려울 경우 교육지원청 학생맞춤통합지원팀으로 의뢰 – 단위 사업별 또는 학교 통합사례회의를 통한 해결이 어려운 학생의 경우에는 교육지원청 단위에서 지원	– 지역 유관기관의 네트워크 사례관리 전문가 지원요청으로 학교로 찾아가는 통합사례회의 진행 – 학생 지원을 위한 중점 사례관리 기관 선정 – 학생맞춤형 통합 지원 실행 및 모니터링

↕ ↕ ↕

지역사회 교육복지 자원(지자체, 복지/상담 기관 등)

◉ 1단계: 학교 자체 내 통합적 지원
  · 목적: 학교 현장에서 신속하고 효과적으로 학생의 문제를 조기 발견 및 개입함으로써 사안의 심화 방지
  · 주요 내용:
    – 담임교사, 전문상담(교)사, 특수교사, 보건교사 등 학교 내 전문가 중심의 통합적 사례관리
    – 학교폭력, 학습부진, 정서·행동 문제, 가정환경 등 다양한 영역에서의 다각적 관찰 및 진단
    – 학생지원팀 회의 운영을 통해 학생 상황에 대한 총체적 이해와 학교 내 가용자원(Wee클래스, 전문 상담 교사, 심리검사 등) 최대 활용
  · 결과: 학교 내 지원으로 해결 가능 시, 지속적 모니터링과 맞춤형 개입 실시

◉ 2단계: 교육지원청 중심의 권역 내 통합지원
  · 목적: 학교 단독으로 해결이 어려운 중복·복합 사안에 대해 교육지원청 내 유관 부서 및 사업 간 연계를 통해 보다 전문적인 개입 제공

  · 주요 내용:
    – 학교의 의뢰에 따라 교육지원청 단위의 학생맞춤통합팀 중심의 사례 개입 시작
    – 심리검사 및 심리치료, 학습코칭, 가족지원, 진로상담 등 다양한 교육청 유관 사업(Wee센터, 통합교육, 학습종합 클리닉, 글참-난독-센터), 가정-학교 연계 프로그램 등)의 통합 연계
    – 필요 시 지역 내 유관기관(청소년상담복지센터, 정신건강 복지센터, 경찰, 복지기관 등)과의 협력 기반 조성
  · 결과: 중재 및 다각적 지원을 통한 학생의 안정화 유도 및 교육적 복귀 가능성 증진

- 3단계: 지역사회 유관기관 통합사례회의 및 맞춤형 지원
  · 목적: 고위기 학생 또는 다기관 협력이 필요한 복합 사례에 대해 교육지원청 및 네트워크를 통해 통합적 개입 방안 마련
  · 주요 내용:
  - 교육청-지역 유관기관(청소년안전망, 아동보호전문기관 의료기관, 복지기관)의 전문가로 구성된 찾아가는 통합 사례회의 운영
  - 학교 현장에서 직접 사례회의를 진행하여, 실질적이고 실행 가능한 맞춤형 개입 방안 도출
  - 학생 및 가족 대상의 다기관 공동 개입: 의료, 심리, 복지, 법률, 보호 등 총체적 지원 체계 마련
  · 결과: 학생의 다차원적 문제 해결 및 사회적·교육적 통합 지원 강화

2. 단위학교

① 학생맞춤통합지원팀 조직 및 운영
   < 학생맞춤통합지원팀 조직도 1 >

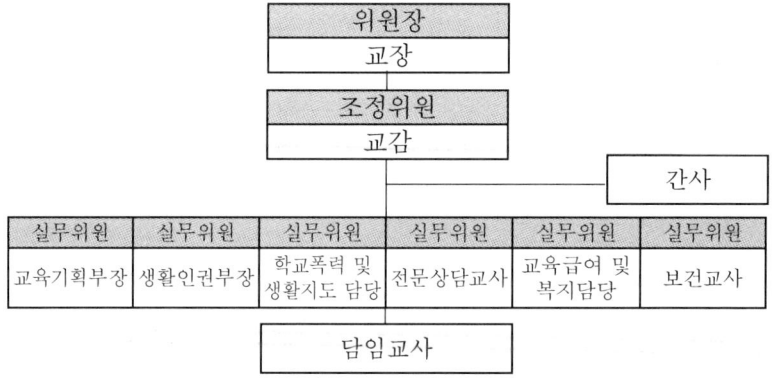

< 학생맞춤통합지원팀 조직도 2 >

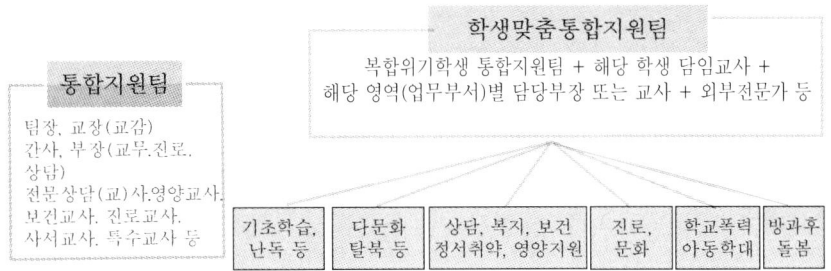

< 학생맞춤통합지원팀 조직도 3 >

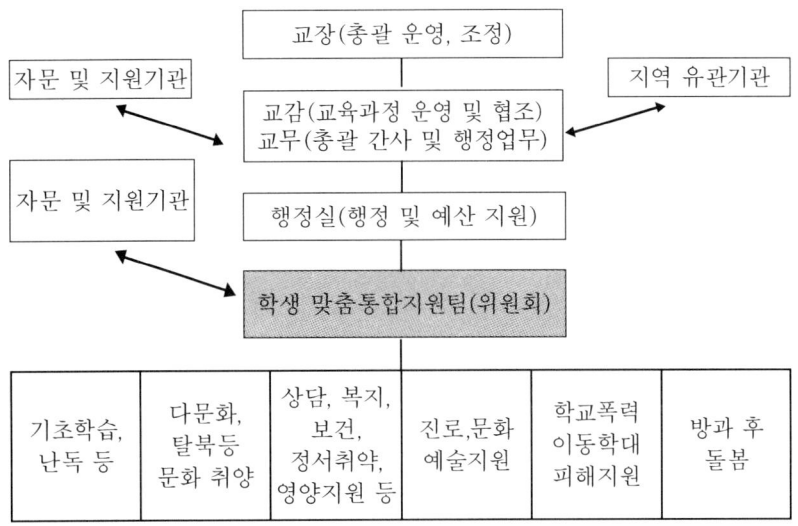

□ 학생맞춤통합지원팀 역할

구분	담당자	역할
위원장	교장	· 최종 의사결정 및 필요 업무 추가 및 삭제 등 · 학교 자원의 효율적 운영과 외부기관 협력 지원
조정 위원	교감	· 교내 지원(사업, 예산) 파악, 교내외 업무 조정 등 · 교직원 간 협업과 소통 체계 구축

실무
위원
	교무부장	· 정서·행동 문제 및 학교폭력 등 생활지도
		  중심 개입
		· 위기 징후 조기 발견을 위한 학교규칙 운영 공유
		· 학교 폭력 관련 통합진단(외부기관 연계 상황
		  분석) 및 지원 등

실무
위원
	학생 생활
	부장
		· 정서·행동 문제 및 학교폭력 등 생활지도 중심
		  개입
		· 위기 징후 조기 발견을 위한 학교규칙 운영 공유
		· 학교 폭력 관련 통합진단(외부기관 연계 상황
		  분석) 및 지원 등

실무
위원
	진로부장	· 학생의 진로·진학 관련 문제 개입 및 지원
		· 무기력, 진로미설정, 학업 동기 저하 등 문제 분석
		  및 개입
		· 진로상담, 진로적성검사, 진로 프로그램 연계 등
		  운영

실무 위원	학교폭력 및 생활지도 담당	· 학교폭력 사안 연계시 초기 대응 주체 · 학생 개별 행동 관찰 및 지도, 보호자와의 긴밀한 소통

실무
위원
	전문상담사
	or 교사
		· 정서.심리적 문제에 대한 심층 상담 및 심리
		  평가 실시
		· 위기학생 개별 상담, 집단상담, 정서조절 프로
		  그램 운영
		· 외부 전문기관(Wee센터, 정신건강센터 등) 연계
		  코디네이터 역할

실무위원	교육복지 담당	· 가정환경, 경제적 요인, 보호체계 부족 등 사회적 위험 요인 파악 · 지역사회 복지자원(드림스타트, 사례관리 기관 등) 연계 · 복지사각지대 학생 발굴 및 맞춤형 복지 서비스 제공 · 지역사회 자원 안내 및 연계, 교내 교육복지사업 연계
실무위원	보건교사	· 신체·정신건강 관련 문제 파악 및 건강관리 계획 수립 · 정서 문제와 연관된 신체적 증상(불면, 식욕저하 등) 모니터링 · 의료기관 연계 및 약물관리건강상담 등 제공
실무위원	담임교사	· 학교생활 전반에 대한 1차적 학생관찰 및 정보 수집 · 도움 필요학생 의뢰 및 지원 결정 시 모니터링 등 · 학생·학부모와의 긴밀한 소통을 위한 사례 전달자 역할
실무위원	특수교사	· 장애 학생 및 통합학급 학생 맞춤 지원 및 평가
실무위원	다문화 담당교사	· 다문화 배경 학생에 대한 언어·문화 적응 지원
실무위원	기초 학습담당	· 학습부진 학생 대상 진단 및 학습전략 개입
실무위원	행정실장	· 예산, 외부지원사업 신청 및 예산 집행 지원
간사	간사	· 회의 지원(일정조율, 회의 자료, 회의록 관리) · 문서관리(개입계획 및 사례관리 기록, 문서작성 및 보관) · 연락망 역할(팀 내·외부 소통 및 협력 창구역할) · 자료 작성(통계, 보고서, 평가 자료 준비) · 행정지원(예산 및 운영 지원, 지침관리)
기타	교내 모든 구성원	· 학생 관찰 및 의뢰 · 학생맞춤통합지원팀 회의 결과에 대한 학생 모니터링

□ 단위학교 학생맞춤통합지원팀 운영절차

운영절차	내용
관찰/발견/의뢰	· 적극적인 관찰 · 도움이 필요한 학생 발견 시 의뢰
접수신청	· 신청서 접수 · 학생맞춤통합지원팀 회의 개최요청 · 통합지원팀 간사의 회의 소집
통합진단	· 신청학생의 어려움에 대한 진단(분석) · 학생지원계획 수립 및 업무분담 · 교육지원청 또는 지역기관 연계 협의
통합지원	· (교내)학생 상황에 따라 맞춤형 지원 · (필요 시) 교육지원청 및 지역 유관기관 연계 (신청서 제출)
통합점검(지속관리)	· 학생의 어려움이 해결되었는지 확인 (어려움 지속 시 교육지원청 요청) · 지속적인 모니터링 및 기록관리

□-단위학교 학생맞춤통합지원 대상 학생 발굴 및 지원

1단계 [학교]	2단계	3단계
대상학생 발굴 학생 기본 정보 및 학교 내 생활 관찰, 면담을 통해 복합적 어려움이 있는 학생 발굴	원인 진단 심층 상담, 가정방문 등을 통해 위기학생의 문제와 욕구 파악 필요시 유관부서의 진단도구 활용	학생맞춤통합지원 위기학생 어려움 해결 방안 모색 위기요인별 지원 방법 및 지원 내용 역할분담

② 급별 학생맞춤통합지원팀 조직 구성 및 역할 예시

학생의 발달 특성과 의사표현 미숙을 고려해 가정 중심 개입과 관찰 기반 지원이 중요하다.

<조직구성 예시>

역할	인원	주요 담당자
팀장	1	교감 또는 연구부장
사례발굴	2~3	담임교사, 보건교사, 특수교사
정서·상담 지원	1~2	전문상담교사(Wee클래스), 교육복지사
복지·가정 지원	1	교육복지사, 복지담당교사, 지역기관 연계자

<역할 정리>

유형	역할 설명
통합조정	학교 내 지원체계 운영 총괄, 회의 주재, 기관 연계 조정
학생발굴 및 기초사정	담임 중심으로 학생의 변화, 결석, 위축 등 관찰 → 사례 의뢰
가정 중심 연계	가정방문, 보호자 면담, 양육 스트레스 완화 중심 지원
정서 및 행동 개입	놀이치료, 미술치료, 생활지도 중심 개입 (아동 수준 맞춤형)

* 특징: 학생보다 보호자 개입이 효과적이며, 가정환경 개선과 기초생활 안전 확보가 중점

사춘기 초기로 정서적 변화가 두드러지고, 집단 내 관계 문제

가 증가하는 시기로 상담 중심 접근과 진로탐색 초기 개입이 중요하다.

<조직구성 예시>

역할	인원	주요 담당자
팀장	1	교감, 학생생활부장
사례발굴	2~3	담임, 학년부장, 보건교사
상담 및 심리정서 지원	1~2	전문상담교사, 진로상담교사
복지·학습 지원	1	교육복지사, 진로진학부장

<역할 정리>

유형	역할 설명
통합조정	문제유형별로 담당자 지정, 회의 운영, 기관과의 협약 조정
정서·상담 개입	상담교사 중심의 개별상담, 또래 관계 문제 중재
학습 및 진로지원	학습동기 저하 학생 대상 기초학습 지원, 진로 흥미 검사 연계
위기관리 및 행동지도	자해, 폭력, 따돌림 등 발생 시 조기 대응 체계 구축

* 특징: 자아 형성기인 만큼, 정서 지원 + 학습동기 강화 + 부모코칭 병행이 효과적이다.

자율성과 독립성 증가, 하지만 진로불안, 정신건강 문제, 학교 중도탈락 등 복합위기 증가로 개인별 맞춤형 서비스 설계와 기관 연계 집중형 모델 필요하다.

<조직구성 예시>

역할	인원	주요 담당자
팀장	1	교감 또는 교육과정부장
사례발굴	2~3	담임, 생활지도부장, 학년부장
심리정서 및 정신건강 지원	1~2	Wee클래스 전문상담교사, 생활인권부장
진로 및 학업지원	1	진로진학부장, 학습코치
복지·지역사회연계	1	교육복지사, 지역기관 사례관리자

<역할 정리>

유형	역할 설명
개인별 맞춤 사례관리	다양한 위기(심리, 가족, 경제, 진로 등)를 통합 진단하고 개별 지원 설계
진로·학업 연계	진로불안, 무기력 등 해소 위한 진로컨설팅 및 학습계획 수립 지원
정신건강 및 위기개입	위센터, 정신건강복지센터 등과 협력해 고위험군 조기개입
탈락 예방 및 사회연계	중도탈락 위험 학생 대상 자립·고용·대안교육 등 진입 연계 추진

* 특징: 학교 밖으로 나가지 않도록 진로-학업-정신건강을 잇는 다층적 지원체계 필요

⑥ 학교급별 요약 비교

항목	초등학교	중학교	고등학교
중점	보호자·기초 생활·관찰중심	정서·학습·관계 중심	진로·정신건강·자립 중심
주요 문제	부모 양육스트레스, 정서표현 미숙	또래갈등, 무기력, 행동문제	학업중단, 우울·불안, 진로불안
핵심 역할자	담임, 보호자, 교육복지사	상담교사, 담임, 진로부장	Wee센터, 진로부장, 외부기관
연계 기관	지역아동센터, 드림스타트	종합사회복지관, 청소년상담복지센터	Wee센터, 정신건강복지센터, 청소년자립지원기관

II. 교육지원청 운영 사례

1. 초등학생 사례

본 사례는 OO초등학교 5학년 담임교사가 광명교육지원청으로 의뢰된 사례로 학생맞춤통합지원 운영절차에 따라 분석·정리한 내용이다.

1) 통합사례 회의 개최 개요
- 주 관: 경기도광명교육지원청
- 일 시: 2025. 5. 21.(목) 15:00 ~ 16:40
- 장 소: OO초 상담실
- 안 건: 위기 학생 통합적 지원을 위한 서비스 연계, 학생 및 학부모 개입 방법 등
- 대 상: OO초 5학년 김OO (남)
- 참석기관: OO초등학교, 광명경찰서, 광명시아동보호전문기관, 광명시 청소년상담복지센터, 드림스타트, 광명시정신건강복지센터, 소하1동 행정복지센터, 광명교육지원청, 특수교육지원센터 등
- 학교참석자: 교장, 교감, 교무부장, 생활복지부장, 학년부장, 담임교사, 상담교사, 보건교사

2) 지원 절차에 따른 분석
① 관찰
- 학교에서 잦은 다툼, 성관련 행동, 폭력적 행동, 동물학대 등 문제행동 지속
- 수업 불참, 불안정한 상태, 교사에게 인정받고 싶어함
- 친구와의 관계에서 괴롭힘과 공격성 반복됨

- 행동 수준이 낮고, 놀이방식 미숙
- 성기 노출 상태로 돌아다니는 등 부적절한 행동 확인됨

② 발견
- 과거부터 아동학대·방임 8차례 신고된 가정
- 부모 별거 중이며, 실질 보호자는 할머니이나 학생 상태를 전혀 인지하지 못함
- 아버지 폭력적 양육, 어머니 정신질환으로 타지역 체류 중
- 각각 떨어져 생활하는 부. 모로부터 학생은 방임상태
- 정신과 외래 진료 경험 있으나 입원 수준 판단은 아직 미정
- 전문가 및 학교는 입원 필요성 강하게 제기 중
- 약물 복용 필요하지만 할머니가 약물 의미·복용법 인지 부족

③ 접수·신청
- 학교에서 위기 징후 포착 및 교육지원청 통한 통합 사례회의 개최
- 정신건강복지센터, 아동보호전문기관, 행정복지센터 등 유관기관 연계
- 보호자(할머니)에게 학생 정신질환 정보 및 약물 필요성 인식시키는 일이 가장 시급함
- 병원 변경 필요성 및 대학병원 입원 연계 논의
- 지속적 사례관리 위한 기관별 역할 분담

④ 통합진단
　　<학생 측면>
- 정서적: 불안정, 충동성, 주의력 저하, 공격성, 자존감 문제
- 인지적: 수업 수준 낮음, 기초학습 부족
- 행동적: 성적 부적절 행동, 동물학대, 또래 괴롭힘, 분노조절 어려움
- 의사소통: 얼버무림, 의사표현 미숙

<보호자 측면>
- 할머니: 양육 정보 부족, 약물·병식 이해 부족, 학생 발언 그대로 수용
- 부: 양육폭력, 통제적이고 위협적인 환경 제공
- 모: 정신질환으로 양육 기능상실, 양육에 무관심

⑤ 학교 내 통합지원
- 기초학습 지원 및 두드림 프로그램 연계
- 해오름 교육복지 연계 → 사제동행, 학생 물품 지원
- 성관련 전문가의 학교 찾아가는 상담(Wee센터 연계)
- 친구 및 학급 전체의 정서 지원 필요성 인식

⑥ 학교 밖 통합지원
<광명시아동보호전문기관>
- 주 1회 가정방문 통한 집중사례관리 계획
- 보호자(할머니) 대상 정신질환 관련 정보 제공
- 병원 기존(서울희망) → 청소년 전문의 있는 병원으로 변경 협의
- 학생 상담센터 전문가 상담으로 전환 논의
- 약물복용 실태 및 약 효능·복용 방법 파악 및 전달

<광명시정신건강복지센터>
- 할머니 대상 인식개선 교육 및 설득
  (아동·청소년 정신과 전문병원(고려대구로병원)으로 병원 연계 추진)
- 정신건강복지센터장이 직접 진료 가능 여부 검토 및 협의

<소하1동 행정복지센터>
- 이웃돕기 물품 및 먹거리, 밑반찬 지원

・위탁가정 지정 시 수급자격 및 사례관리 연계 검토

<광명시청소년상담복지센터>
・심리정서 지원을 위한 학급 집단 프로그램 운영
・할머니 양육방법에 대한 상담 필요 시, 상담 지원

<광명교육지원청>
・성문제 관련 전문가 투입 상담 지원
・향후 추가 회기 및 정서지원 프로그램 확대 가능 여부 검토
・교육복지안전망 통한 학생 먹거리 및 생필품 지원

⑦ 통합점검
・아동보호전문기관 주 사례기관으로 주 1회 가정방문 및 모니터링
・정신건강복지센터에서 병원 연계 및 보호자 교육 병행
・학교와 지속적 소통으로 행동 변화 관찰
・위기 발생 시 즉각 기관 공유 및 개입
・향후 가족 해체 및 위탁가정 전환 가능성 대비한 대안 모색 중

⑧ 사례요약
・김00 학생은 정서・행동・인지・사회성 전 영역에서 심각한 위기 상태
・아동학대・방임이 누적되며 정신적・행동적 문제 심화
・실질 보호자인 할머니는 학생의 상태를 모르고 있으며 약물복용도 제대로 관리하지 못함
・입원치료가 시급하다는 전문가 의견 다수
・학교생활 적응 불가능에 가까우며, 학급 친구 및 교사 모두가 불안한 상태
・가정 개입+병원치료+학교 내 지원+보호자 교육의 통합적 대응이 절실함

⑨ 아쉬운 점 및 운영의 팁
　※ 아쉬운 점
　· 다수 기관 개입에도 불구하고 위기대응 체계가 일관 되지 못함
　· 보호자 교육 미비, 인식 부족으로 약물·행동 치료 연계가 지연
　· 정신과 진단 후 후속조치(병원 변경 등)가 신속하게 이뤄지지 못함
　· 학생의 반복된 문제행동으로 학급 전체가 위기 상황에 처해 있음

　※ 운영의 팁
　· 보호자가 약물, 질환, 입원 필요성 등에 대해 충분한 이해를 하도록 정신건강복지센터의 집중 교육 필요
　· 병원 진단부터 입원까지 일관된 의료체계 연계가 중요
　· 주 보호자 불안정할 경우, 위탁가정 연계와 사전 조사 필요
　· 학교는 학생뿐 아니라 학급 전체의 심리적 안전 지원 체계 마련 필요
　· 사례관리 기관 중심의 통합조정과 정기적 후속 점검 체계 필수 운영

2. 중학생 사례

본 사례는 OO중학교 상담교사가 광명교육지원청으로 의뢰된 사례로, 학생맞춤통합지원 운영절차에 따라 분석·정리한 내용이다.

1) 통합사례 회의 개최 개요
　· 주 관: 경기도광명교육지원청

- 일 시: 2025. 9. 22.(월) 15:00 ~ 16:40
- 장 소: 00중학교 상담실
- 안 건: 위기 학생 통합적 지원을 위한 서비스 연계, 학부모 개입 방법 등
- 대 상: 00중학교 2학년 이00(여)
- 참석기관: 00중학교, 광명시청 아동보호팀, 광명시아동보호전문기관, 광명시청소년상담복지센터, 광명시정신건강복지센터, 광명시자살예방센터, 소하1동 행정복지센터, 희망플랜광명센터, 광명교육지원청, 광명시장애인종합사회복지관, 특수교육지원센터 등
- 학교참석자: 교장, 교감, 학생부장, 교무부장, 생활상 부장, 연구부장, 1,2,3학년부장, 담임교사, 상담교사, 보건교사

2) 지원 절차에 따른 분석
 ① 관찰
- 1학년 4월 정서행동특성검사 결과: 자살위험/고위험군
- 수업 중 업드려 자는 모습, 집중력 저하
- 반복된 미인정 지각, 외출, 결석
- 자해 흔적 및 음주·가출 등 위험행동 지속
- 학교 수업에 대한 이해 부족, 또래관계 어려움 호소
- 피아노·바리스타 자격 등 관심 분야에는 집중력 보임

② 발견
- 병원 외래 치료 중 (우울 증상, 자해, 자살 시도 표현 있음)
- 입원치료 희망하였으나 휴대폰 반납 조건에서 입원 거부
- 보호자의 양육 능력 및 대응력 부족 (방임, 과잉지원)
- 심각한 위기행동(가출, 음주, 자해 등)이 다수 기관 통해 공유됨
- 부모의 병식 부족 및 의사결정 지연 → 입원 연계 지연

③ 접수 · 신청
- 학교에서 통합사례회의 개최(교육지원청 포함 유관 기관 참석)
- 아동보호전문기관: 사례 종결 예정이었으나 재위기 발생으로 연장 검토
- 정신과 입원 병원 연계(루카스병원), 치료비 지원 검토
- 학업중단 숙려제 신청 의사 있음

④ 통합진단
- 정서적 진단: 자살위험, 우울, 충동성 높음 (기질검사 결과 반영)
- 환경적 진단: 양육자(부)의 제한된 지도력, 경계선 지능 의심
- 학교생활: 학업단절 위험, 또래 단절, 수업이해도 매우 낮음
- 현재 치료기관: 외래병원(입원병동 없음) → 입원 병원 필요
- 보호자: 통제와 방임 혼재, 위기 대응력 부족, 신고 지연

⑤ 학교 내 통합지원
- 출결 및 생활기록 철저히 관리, 학부모 연락 기록 남기기
- 학업중단 숙려제 추진, 대안교육기관 안내 고려
- 담임 및 상담교사 중심 학생 정서적 지지 지속
- 병원 치료 연계 위해 학부모 설득 및 정보제공

⑥ 학교 밖 통합지원
  <아동보호전문기관>
- 사례 종결 유예 및 모니터링 기간 연장
- 보호자 검사 연계(지능 및 양육역량)
- 보호자에게 가출 신고, 병원 입원 필요성 전달
- 병원비, 진료 연계 등 실질적 개입 지속 예정

<청소년상담복지센터>
· 추후 사례이관 예정 (아동보호전문기관 종결 후)
· 충동성 관련 다면적 검사, 기존 상담자와 관계 유지 가능
· 지속 상담 가능성 높음

<광명경찰서>
· 가출 발생 시 신속 대응 요청
· 보호자에게 병원 입원 필요성 전달 및 설득

<기타 기관>
· 광명시 정신건강복지센터, 희망플랜광명센터 등도 모니터링 협력
· 입원 대상 병원 연계(루카스병원 or 서울홍정신건강의학과 의원)

⑦ 통합점검
· 사례 종결 예정이었던 아동보호전문기관: 모니터링 기간 연장
· 위기 징후 지속 발생 시 강제개입 및 분리 필요성 검토
· 플랜 A/B 전략 병행
· 플랜 A: 보호자 설득 → 루카스 병원 입원
· 플랜 B: 외래(서울홍정신과) 약물·상담치료 지속
· 교육청 및 청소년상담복지센터 중심 중장기 관리체계 마련예정

⑧ 사례요약
· 이○○ 학생은 정서·행동·가정·학업 전 영역에서 복합 위기 상태
· 위기 행동(자해, 가출, 음주, 자살 시도 등) 반복되며 상황 악화 중
· 보호자의 방임과 제한된 지도력으로 위기 대응력이 현저히 낮음

- 학업단절 위기에 있으며, 치료적 개입과 병원입원이 매우 시급함
- 사례관리 중심축은 아동보호전문기관 → 청소년상담복지센터로 이관 예정
- 병원 입원을 위한 보호자 설득, 치료비 지원, 상담지속 등의 입체적 개입 필요

⑨ 아쉬운 점 및 운영의 팁

　※ 아쉬운 점
- 보호자의 병식 부족 및 비협조로 인해 치료 개입 시점이 지연됨
- 가출, 음주 등 반복된 위기 상황에도 가출신고 미실시 등 법적 의무 이행 부족
- 기관 간 정보 공유는 있었으나 조기 개입의 골든타임을 놓친 감이 있음

　※ 운영의 팁
- 고위험군 학생은 초기 위기 개입 대응체계 사전 수립 필요 (가출, 자해 발생 시 즉각 반응 매뉴얼 포함)
- 보호자 지지망 부재 시, 사례관리자 중심의 주도적 개입이 중요
- 통합사례회의 후 후속점검 일정 사전 수립, 기관별 역할 지속 점검 필수
- 학생의 관심 영역(바리스타, 피아노 등)을 활용한 정서적 안정→학업 재접속 전략 유효
- 보호자 검사 병행을 통한 가족 전체의 개입 구조화가 향후 핵심

3. 고등학생 사례

본 사례는 OO고등학교 2학년 학생의 학교 적응지원을 위하여 종합사회복지관에서 교육지원청으로 의뢰된 사례로, 학생맞춤 통합지원 운영절차에 따라 분석·정리한 내용이다.

1) 통합사례 회의 개최 개요
   · 주 관: 경기도광명교육지원청
   · 일 시: 2025. 8. 19.(화) 10:00 ~ 12:00
   · 장 소: OO고등학교 상담실
   · 안 건: 심리·정서적 안정 도모, 학교 적응 지원, 가족 내 의사소통
     개선, 경제적 위기 완화를 통한 다차원적 회복 및 성장 지원
   · 대 상: OO고등학교 3학년 조OO(남)
   · 참석기관: OO고등학교, 광명시아동보호전문기관, 광명시청소년상담복지센터, 광명시자살예방센터, 광명시무한돌봄센터, 광명시가족센터, 광명동행정복지센터, 광명시정신건강복지센터, 광명교육지원청, 위(Wee)센터 등
   · 학교참석자: 교감, 학생부장, 생활인권부장, 진로상담부장, 복지부장, 3학년 학년부장, 상담교사, 담임교사, 보건교사 등

2) 지원 절차에 따른 분석
   ① 관찰
      <학교생활 관찰>
      · 고3 이후 학업 부담 증가, 특히 7교시 이상 수업 시 스트레스 심화
      · 사람 많은 환경에 대한 불안과 사회적 회피 경향
      · 등교는 노력 중이나 수업 참여에 어려움 존재

      <정서·행동 관찰>
      · 방에 틀어박힘, 게임 몰입으로 의사소통 단절
      · 감정 표현 소극적, 사회적 회피 경향

- 미술에 흥미와 재능 보이며 긍정적 반응
- 편식 심하고 은밀한 식사 행위 관찰

  <가정 환경 관찰>
- 조손가정(부, 조모) 거주, 모와 연락 두절
- 부의 강압적 태도와 중국어 억양으로 의사소통 문제
- 조모 건강상 문제 및 경제활동 불가

  <경제·주거 관찰>
- 월세, 의료비 등으로 경제적 어려움 지속
- 재개발 예정지역 거주로 이주 필요 가능성 있음

② 발견
- 정서·심리: 학교생활 회피, 불안, 무기력, 감정 표현 어려움
- 가족관계: 부·조모와 소통 단절, 가족 내 정서적 거리 존재
- 경제적 어려움: 부 단독 소득, 의료비 부담, 월세 연체, 재개발 이주 가능성
- 학교적응: 학업 부담 증가, 등교는 노력 중이나 어려움 지속
- 심리행동 특성: 게임 몰입, 방 안 틀어박힘, 편식, 미술 흥미

③ 접수·신청
- 의뢰일자: 2025년 8월 6일
- 의뢰사유: 학생의 심리상담 및 가족 기능 회복을 위한 사례관리 개입
- 학교생활의 지속적 어려움 호소
- 가족 내 소통 단절 및 심리·정서적 문제
- 조손가정 및 경제적 취약성

④ 통합진단
- 개인 및 가족력

- 3인 가정: 학생, 부, 조모 (모는 연락 두절)
- 국적 문제: 학생의 한국 국적 미취득, 모의 협조 거부

<심리·사회적 상태>
- 교생활: 학업 부담 증가, 사람 많은 환경 불안
- 정서·행동: 사회적 회피, 감정 표현 어려움, 미술에 흥미
- 가족관계: 부와 관계 단절, 조모 정서적 소통 어려움

<건강상태>
- 조모: 고혈압, 당뇨, 간·췌장 혹, 허리 질환
- 부: 관절·허리 질환
- 학생: 특별한 진단 없으나 정신건강 평가 필요

⑤ 학교 내 통합지원
- 학교 상담 및 학업 지원 유도
- 등교 및 수업 참여 여부 모니터링
- 비강압적 상담 접근: 게임·그림 등 참여형 활동 활용
- 학교 내 Wee클래스 상담교사와 연계하여 미술심리치료 실시

⑥ 학교 밖 통합지원

지원 영역	개입 내용	연계 기관
정서 지원	미술심리치료 10회	위(Wee)센터
가족상담	온가족보듬사업 연계, 가족 상담 진행	광명가족센터
정서활동	미술활동 중심 프로그램	광명종합사회복지관
경제 지원	장학금, 의료비 등 지원 검토	지역아동센터, 복지관
상담 참여 유도	비강압적 접근, 긍정적 관계 형성	사례관리자 주도

⑦ 통합점검
　　　<모니터링 내용>
　・주사례관리 기관: 00종합사회복지관
　・학생의 상담 프로그램 참여 여부 및 정서적 변화 관찰
　・가족상담 참여율 확인
　・경제적 위기 지속 여부 점검

　　　<향후 계획>
　・사례회의 재개최 (필요 시)
　・심리상담 결과에 따른 정신건강의학과 진료 검토
　・진로 및 학업 연계 지원 검토

⑧ 사례요약
　・대상자: 고3 남학생, 만 17세
　・가정형태: 조손가정 (부・조모와 동거, 모는 연락 두절)
　・주요 문제: 정서적 불안, 가족관계 단절, 경제적 취약, 학교 적응 어려움
　・심리특성: 사회적 회피, 방 안 틀어박힘, 게임 몰입, 편식, 미술에 관심

⑨ 아쉬운 점 및 운영의 팁
　　※ 아쉬운점
　・초기 상담에서 동기화 부족 → 신뢰 기반 관계 형성 우선 필요
　・서비스 연계 참여 유도 부족 → 스케줄 사전 조율 및 동기화 필요
　・가족 개입 균형 부족 → 부모교육・조모 정서지원 구체화 필요

　　※ 운영의 팁

- 청소년 맞춤형 참여 유도: 놀이형·참여형 활동으로 신뢰 구축
- 가족 역할 재정립 및 소통 전략 코칭: 아버지 감정코칭, 조모 정서적 지지강화
- 정서 표현 프로그램 다양화: 디지털 드로잉, 그림 일기앱 등 활용
- 유연한 일정 운영: 참여 전날 리마인드, 학업 일정 고려, 주말/야간 선택권 부여
- 경제적 어려움 완화: 긴급지원, 주거복지, 장학금 등 통합 연계
- 사례관리자 중심 회복적 접근: '기다림'과 '수용' 기반 관계 유지

Ⅲ. 학교 운영 사례

1. 초등학교

※ 사례; 1
① 사례 학생: 5학년 남학생 A군 (11세)
  - 주요문제: 수업시간 집중을 잘 못하고 산만함, 친구들과 자주 싸움
  - 발굴경위: 담임교사와 보건교사의 협의 결과, 학교 안 위클래스에 상담을 의뢰
  - 가정배경: 조부모와 동거 / 양육자의 양육역량 부족 / 경제적 취약 가정 지각을 자주하고 이유없이 결석, 학습은 또래보다 낮음

② 맞춤형 통합지원 계획 수립
  - 주요 욕구 진단 : 정서적 지지 부족, 학습 동기 결여, 일상 생활 습관 부재

③ 통합지원 계획

영역	지원 내용	담당자
정서지원	주 1회 개별상담 (자존감 향상 및 감정 조절 훈련)	전문상담교사
생활지도	등교 시간 고정, 알람 지원, 교실 좌석 조정 등	담임교사
학습지원	방과후 개별 학습멘토링 (국어·수학 중심)	교육지원청 기초학습 센터연계
가정연계	학부모 면담 및 조부모 대상 양육 지원 정보 제공	보건교사
복지연계	드림스타트와연계하여 후원물품 및 문화체험 지원	복지담당교사

④ 운영 및 점검
- 사례회의 운영: 월 1회, 팀장(교감) 주관, 담임교사, 상담사, 복지담당교사, 보건교사
- 학부모 협력: 가족 상담 연계(청소년상담복지센터)

⑤ 지원 결과
- 출결: 월 평균 5회 이상 지각 → 0~1회 수준으로 감소
- 대인관계: 친구와의 다툼 횟수 감소, 감정 표현 증가
- 학습태도: 자발적 수업 참여, 학습 의지 보임, 과제 제출 횟수 증가
- 보호자 반응: "요즘 아이가 밝아졌어요. 아침에 먼저 일어나요."

⑥ 성공요인
- 유관 부서별 협업 및 사례회의 정례화
- 외부기관과의 긴밀한 연계(드림스타트, 지역유관기관등)
- 교사의 지속적 관심과 관계 중심 접근

- 단순한 문제행동이 아닌 복합적 요인 분석을 통한 개입이 핵심
- 교내 지원 인력 간 유기적 협력 체계 구축이 성공 열쇠
- 학부모와의 적극적 소통 및 실질적 도움 제공이 성과에 기여

※ 사례; 2
-심리·정서 + 복지 중심 통합지원 사례-

① 사례학생: 3학년 여학생 B(9세)
- 주요문제 : 수업 시간에 갑자기 눈물을 흘리는 경우 많음 급식 거부하거나 제대로 먹지 않음
- 발굴경위: 점심시간 급식거부와 관련된 이상행동관찰 → 보건교사와 상담 → 위클래스 연계
- 가정배경: 한부모 가정/ 경제적 빈곤 / 양육자(모) 우울증 치료 중 말수가 적고 소극적 태도, 친구들과 어울리지 못하고 혼자 있는 시간 많음

② 맞춤형 통합지원 계획 수립
- 주요 욕구 진단 : 분리불안 및 정서적 지지 결핍, 급식 불안 (건강관리 필요), 기본생활습관 미형성, 가정 내 보호환경 미흡

③ 통합지원 계획

영역	지원 내용	담당자
심리정서 지원	주 2회 놀이치료 연계 / 감정카드 활용 일상 감정표현 훈련	전문상담교사
급식지원	영양교사와 협의, 학생 맞춤 식단 일부 조정 및 개인 급식지도	보건교사 + 영양사
복지지원	지자체 드림스타트와 연계 → 생필품/문화체험/방문상담 지원	복지담당교사
생활지도	담임교사 중심의 관심 학생 관리, 교우관계 촉진 활동(짝꿍제, 칭찬카드)	담임교사
가정지원	학부모 상담(복지관 동행) + 심리치료 정보 제공	복지담당교사

④ 운영 및 점검
- 사례회의 주기: 2개월 단위, Wee클래스 주관
- 가정 소통: 보호자 대상 전화상담 및 면담 병행

⑤ 지원 결과

항목	변화 내용
급식 행동	급식량 회복, 거부 행동 소멸
정서 표현	감정카드로 감정 표현 가능, 웃는 모습 증가
사회성 향상	짝 활동 참여 적극적, 또래와의 놀이 시간 증가
보호자 변화	"아이와 이야기하는 시간이 생겼어요." (면담 중)

⑥ 성공 요인
- 상담-보건-복지 간 긴밀한 협업으로 복합요인에 다층적 개입
- 급식 문제를 단순지도 아닌 정서·가정 상황과 연결지어 접근
- 보호자에 대한 정신건강 지원적 접근과 동행 중심 개입
- 학교 내 돌봄과 관심이 집중되면 짧은 기간에도 긍정적 변화
- 학교는 학생뿐만 아니라 가정을 지원하는 거점 역할 가능

2. 중학교

※ 사례; 1
① 사례학생: 2학년 남학생 A군 (14세)
- 주요문제: 교내 잦은 무단지각및 결석, 무기력, 스마트폰 과몰입, 진로 무관심
- 발굴경위: 담임교사 및 상담교사 협의 -> 학업중단위기학생 사전 발굴 조사 결과

- 가정배경: 편부가정/ 부친 야간근무 / 방임 경향/ 최근 이사로 지역 적응어려움

② 맞춤형 통합지원 계획 수립
- 주요 욕구 진단 : 수면 리듬 불안정, 생활 무기력, 가족 소통 단절, 정서 고립, 진로 인식 부족, 학습 동기 미약

③ 통합지원 계획

영역	지원 내용	담당자 및 기관
정서지원	위클래스 개별상담 주 1회, 감정일기 쓰기, 자기인식 활동	전문상담교사
생활지도	등교 모니터링 체크리스트, 알림 문자 발송 시스템 운영	담임 + 복지담당
진로지원	광명시진로체험지원센터 연계 진로 캠프 참가, 진로적성검사	진로부장교사 + 외부강사
가족지원	부친 대상 상담 의뢰(광명시가족센터), 부모교육 프로그램 안내(광명시청소년상담복지센터)	복지담당
복지연계	광명시 청소년안전망 통해 문화이용권 지원, 행정복지센터 -방과 후 간식 쿠폰 제공	복지담당-지역복지기관

④ 운영 체계 및 절차
- 월 1회 사례회의및 진행사항 공유
- 교내 협력체계 (학생맞춤통합지원팀)
  교감, 생활안전부장, 전문상담교사, 진로부장, 담임 교사, 보건교사, 교육복지사 등
- 학교 외부 협력체계
  광명시청소년상담복지센터, 광명시진로지원센터, 광명시가족센터, 행정복지센터, 청소년지원센터, 종합 사회복지관 등과 협약 및 연계

⑤ 지원 결과

항목	변화 내용
출결 개선	• 월 6회 이상 무단지각 → 월 1~2회 수준으로 감소
정서 안정	• 상담 시 감정 표현 가능, 대화 지속시간 증가
진로 탐색	• "요리 쪽으로 관심 생겼어요" – 캠프 후 진로 탐색 시작
가족 변화	• 부친, 야간근무 전 대화 시도 및 가정 내 식사 시간 복원

⑥ 성공 요인
- 지역 자원 연계 활성화덕분에 학교 밖 자원이 효과적으로 개입됨
- 진로 활동을 매개로학습 동기 및 자존감회복에 긍정적 영향
- 교내 교사 간 정보 공유 및 관심 유지 → 지속성 확보
- 중학생 시기의 은둔형, 무기력형위기는 정서 + 진로 + 복지 통합 접근이 효과적
- 학교 안팎의 긴밀한 네트워크가 학생의 생활 전반을 회복시키는데 기여

※ 사례; 2
<아동학대 · 방임 통합지원 사례>
① 사례학생: 1학년 여학생 B(13세)
- 주요문제: 수업 중 반복적 졸음, 옷이 늘 더러움, 말수가 거의 없음, 대인 기피
- 발굴경위: 보건실자주 내방및 수면 문제 호소 -> 담임, 보건 교사상담 통해 발굴
- 가정배경: 모친 단독 양육/ 알코올 의존 경력/ 방임 정황 (식사

제공 미비, 통제부족)
- 특이사항: 위기징후 포착 후 아동학대 신고 -> 지역 아동보호전문기관 연계됨

② 욕구 진단 결과
- 심리·정서 : 불안감 높음, 어른에 대한 불신 강함, 자기표현 어려움
- 건강·생활 : 수면장애, 영양 불균형, 위생 미흡
- 복지·안전 : 기초생계미보장, 야간 독거 잦음
- 학습 및 사회성: 교우관계 단절, 학업 성취도 낮음

③ 맞춤형 통합지원 계획

영역	개입 내용	담당 기관/인력
심리정서 지원	주 2회 상담(상담실) + 미술치료 병행 / 안정적 관계 형성	전문상담교사, 외부 치료사
학습지원	학습 결손 과목 집중 튜터링(국어·수학) / 학교 적응 워크북 활용	방과후 튜터, 담임교사
건강관리	급식·간식 적극 지원 / 위생 교육 / 보건일지 운영	보건교사
가정·복지 지원	희망플랜광명센터연계 → 후원물품 제공 / 사례관리 연계	행정복지센터, 지역 복지관
안전보호	아동보호전문기관과 협업 / 심층 사례회의, 학대 재발 방지계획 수립	아동보호전문기관, SOP 경찰
법률·제도 지원	보호관찰 연계 여부 검토 / 정서적 안전망 강화(상담 지속)	무한돌봄, 청소년상담복지센터 외

- 학교 내 팀 구성
  교감, 학생생활부장, 전문상담교사, 진로부장, 담임교사, 보건교사등

- 외부 연계 기관

광명시 아동보호전문기관, 광명경찰서여성청소년계, 무한돌봄, 청소년상담복지센터, 정신건강복지센터, 행정복지센터, 희망플랜광명센터, 하안종합사회복지관

- 사례회의
  - 초기: 주 1회 긴급회의
  - 중기 이후: 월 1회 정기 점검
  - 내용: 개입 경과 공유, 보호 연장 여부 판단, 평가 및 수정

④ 지원 결과
- 심리 안정 : 또래 친구에게 말 걸기 시작, 상담실에 자발적 방문
- 출결 개선 : 무단결석 월 5회 → 0~1회 수준으로 회복
- 외모 · 위생 : 위생 개선, 급식 잔반줄고 식사량 증가
- 가정 환경 : 보호기관 통해 간헐적 가정방문 및 부정적 양육 완화
- 기타 : 웃기 시작함, 담임교사에게 고맙다고 표현함

⑤ 핵심 성공 요인
- 신속한 발견과 아동학대 신고, 외부 전문기관 연계
- 심리 + 복지 + 법률적 보호체계가 동시에 작동
- 학교 내 통합지원팀의 역할 분담과 협업체계가 견고함
- 아동학대 · 방임 학생은 단순 상담이나 생활지도만으로는 회복 어려움
- 유관기관(학교+보호기관+지역자원) 협업이 반드시 필요
- 위기학생 지원은 정서 안전 → 생활 안정 → 학습 복귀순의 단계적 접근이 효과적

3. 고등학교

※ 사례 1
① 사례학생: 2학년 남학생 A군 (17세)
- 주요문제 : 장기결석 후 복귀, 수업 중 무기력·무반응, 친구와의 단절, 불신 심화
- 발굴계기: 복귀 이후 담임 관찰 → 학생생활안전부, Wee클래스 연계
- 가정배경: 조손가정/ 보호자 양육 역량 미흡 / 경제적 취약 / 문화적 단절
- 특이사항: 보호관찰 6개월 이수 후 복귀 / 사안: 청소년 절도 / 가족의 방임 경향 있음

② 욕구 진단 결과
- 심리·정서 : 낮은 자존감, 사회적 고립감, 권위 불신
- 학습 및 진로 : 진로 목표 불명확, 수업 중 집중도 매우 낮음, 자퇴 희망 표출
- 사회적 관계 : 친구와 단절, 교사 신뢰 부족, 낙인감 우려
- 법적·복지적 욕구: 재범 우려는 낮으나, 지원체계 단절 상태

③ 맞춤형 통합지원 계획

지원 영역	구체적 내용	담당 주체
심리·정서 지원	주 1회 Wee클래스 개별상담 + 지역청소년상담센터 외부 연계	전문상담교사, 지역센터
학습지원	방과후 보충수업 매칭, 교과담당 교사 튜터제 운영	진로부장, 교과교사
진로개입	광명진로체험지원센터 연계, 직업체험 프로그램 참여	진로상담사, 복지사
사회성 회복	또래 관계 형성 활동 (역할부여, 프로젝트 조 편성 등)	담임교사, 생활부

복지 연계	드림스타트/지역복지관 연계, 문화체험 쿠폰, 점심 급식비 지원	교육복지사
보호관찰 후속	보호관찰소 사례관리자와 주 1회 체크인, 학교와의 소통 채널 구축	보호관찰관, 복지사

④ 운영 체계
- 학교내 팀 구성
  교감, 학생생활안전부장, 전문상담교사, 담임교사, 교육복지사, 진로부장, 보건교사 등
- 외부 연계 기관
  광명보호관찰소, 청소년상담복지센터, 지역종합사회복지관 등
- 지원 절차
  - 복귀 직후 사례회의(긴급 개입)
  - 실행 및 월 1회 점검 회의
  - 중간 평가 및 연계 지속 여부 결정

⑤ 지원 결과 (3개월 경과)
- 출결: 주 1~2회 지각 -> 100% 등교 회복
- 정서표현: "다시 시작 해 보고 싶다"는 의사 표현, 상담 지속 중
- 학습태도: 수업 집중 향상, 일부 과목 중간고사 응시 및 과제 완료
- 관계회복: 같은 반 친구와 게임동아리 활동시작
- 진로인식: 요리 분야 진로 체험 후 조리학과 관심 표현

⑥ 성공 요인 및 시사점
- 낙인을 줄이는 방식(일반 친구들과 같은 활동에 자연스레 참여)
- 보호관찰소, 복지관, 학교 간 실시간 정보 공유 체계 구축

- 학생의 자율성 존중 기반 접근 (선택권 제공)
- 보호관찰 이력 학생은 심리 회복, 사회성 강화, 진로 탐색이 핵심
- 단순 복교 조치만으로는 정착 어려움 → 구체적 사후 개입 구조필요
- 광명시의 다양한 청소년 지원 자원을 학교와 적극 연계 하는 모델 필요

※ 사례 2
① 사례학생: 1학년 남학생 B (16세)
- 주요문제 : 주3~4회 이상 지각, 수업 중 졸음.무기력, 친구와의 대화 없음
- 발굴계기: 출결누적 → 담임 관찰 및 상담 요청 → Wee클래스 연계
- 가정배경: 편모가정, 어머니 일용직 근무로 새벽 출근 / 방임 수준의 양육환경
- 특이사항: 기초생활수급대상, 문화·의료·심리 지원 경험 없음

② 학생욕구사정
- 심리·정서 : 우울감, 수면장애, 감정표현 어려움. 교사나 친구와의 관계 미형성
- 학습 및 생활 : 반복적 지각, 무기력, 자기주도적 학습 없음 진로 관심 부족, 목표 설정 어려움
- 복지 : 기본 생활습관 부족, 영양 결핍 추정 문화·의료· 정서적 자원 미연결 상태

③ 통합지원계획

지원 영역	구체적 내용	담당자 또는 연계 기관
출결·생활지도	알람 앱 설치, 생활 루틴 점검표 작성 및 담임 피드백 제공	담임교사
심리정서 지원	위클래스 주 1회 정기 상담 + 정서 카드 활동 / 필요 시 미술치료 연계	전문상담교사, 외부기관
건강관리	아침 간편식 지원 / 수면위생 교육 / 보건일지 작성	보건교사
학습지원	주요 과목 집중 튜터링(방과후 연계) / 진로탐색 활동과 연계 학습 설계	학습지원교사, 진로부장
진로개입	진로적성검사 / 광명진로체험지원센터 직업체험 연계	진로상담사
복지연계	드림스타트 통한 생필품·문화이용권 제공 / 복지관 사례관리 연계	교육복지사, 지역복지관
가족지원	보호자 대상 상담 및 생활정보 안내 / 자녀관리 역량강화 정보 제공	교육복지사, 외부상담센터

④ 운영 체계
　· 학교내 팀 구성
　　교감, 학생생활부장, 전문상담교사, 담임교사, 교육복지사, 진로부장, 보건교사 등
　· 외부 연계 기관
　　광명시청소년상담복지센터, 지역종합사회복지관, 광명시 정신건강복지센터
　· 지원 절차
　　－긴급 사례회의 → 개별 ISP 수립
　　－월 1회 사례회의 및 계획 점검
　　－중간 평가 후 조정 또는 종결

⑤ 지원 결과(지원 2~3개월 후)
　· 출결개선: 월 15회 이상 지각 -> 주 1회 수준으로 감소

- 심리상태: 감정 표현이 증가, 친구와 간헐적 대화 시작
- 학습태도: 일부 과목 진도 따라가기 시작, 진로 질문 발생
- 가족변화:어머니, 학교로 연락해 자녀 관련 질문하기 시작

⑥ 주요 성공 요인
- '지각'이라는 증상을 정서·복지·건강 문제와 연결 해석한 다차원적 접근
- 학교 내외 자원 통합→ 개별화된 맞춤형 개입 가능
- 복지·심리·학습의 병행 개입으로 지속가능성 확보
- 반복 지각은 생활습관 문제가 아니라 복합적 취약성의 신호일 수 있음
- 학교가 정서적 안전지대로 작용하려면, 생활·관계·복지를 함께 다뤄야 함
- 지역과 연계한 복합지원 사례 시스템 구축이 고등학교 단계에서도 매우 중요

Ⅳ. 문제점과 한계 및 향후 개선 과제

 학생맞춤통합지원은 정책적 의도와 현장 요구를 연결하는 중요한 제도임에도 불구하고, 실제 운영 과정에서는 다양한 문제점과 한계를 안고 있다.

1. 애로사항

첫째, 인력 부족이다.
 학교 내 담당 교사, 교육복지사, 전문 상담사의 인력이 제한적이어서, 학생 개별 지원 계획을 충분히 설계하고 지속적으로 관리하는 데 어려움이 있다. 이러한 인력 제약은 조기 발견과 맞춤형 지원을 체계적으로 수행하는 데 큰 걸림돌이 된다.

둘째, 예산 및 제도적 지원의 한계이다.

정책이 전면 시행되더라도 학교별 재정 여건과 지역적 편차로 인해 지원 자원과 프로그램 운영의 균등성이 확보되지 못하는 경우가 발생한다.

셋째, 학교 분위기와 보호자 참여 문제도 존재한다.

일부 학교에서는 행정 부담과 교사 업무 과중으로 인해 정책이 형식적으로 적용되는 사례가 있으며, 보호자가 학생지원 과정에 적극 참여하지 못하는 경우도 있어, 지원 효과를 제한한다.

넷째, 정보 연계와 개인정보 보호 측면의 제약이다.

학생 지원 이력과 개별 상황을 교육청, 학교, 지역사회 기관이 효율적으로 공유해야 하지만, 개인정보 보호 규정과 시스템 미비로 인해 정보 활용이 제한되는 경우가 있다.

2. 향후 개선 과제

교육부와 교육지원청은 현장 문제를 해소하고 정책 효과를 높이기 위해 다음과 같은 개선 과제를 제시하고 있다.

- ■ 인력 확충 및 전문성 강화: 교육복지사, 상담사, 사례관리 전문가 등 핵심 인력을 증원하고, 정기 연수를 통해 실무 역량을 강화한다.
- ■ 예산 및 제도적 지원 확대: 학교별 여건에 맞는 탄력적 예산 지원과 지역사회 자원 연계를 강화하여 정책 효과를 극대화한다.
- ■ 시스템 및 정보 활용 개선: 디지털 기반 학생지원 플랫폼을 개선하여 개인정보를 보호하면서도 효율적인 정보 공유와 사례관리 피드백이 가능하도록 한다.
- ■ 학교와 보호자 참여 활성화: 학교 내 협력 문화 조성과 보호

자 소통 강화, 지역사회와의 연계 프로그램 확대를 통해 정책 참여도를 높인다.

Ⅴ. 해외 유사 제도와의 비교

해외에서는 미국, 핀란드, 싱가포르 등에서 학생 지원 통합 체계를 운영하며, 학습, 상담, 복지, 건강, 진로를 한 체계 안에서 지원한다. 이러한 사례는 한국 학생맞춤통합지원과 유사하나, 일부 국가에서는 정보 공유와 시스템 통합 수준이 더 발달해 있어, 국내 정책이 발전할 여지가 있음을 보여준다.

특히 핀란드에서는 학교 내부 지원팀과 지역사회 서비스를 정규 과정과 연계하여 운영함으로써, 조기 발견과 맞춤형 개입의 효율성을 높이고 있다. 이러한 국제 사례는 우리 정책의 보완 방향을 모색하는 데 유용하다.

결론적으로, 학생맞춤통합지원은 정책적 지향점과 현장 운영 간 격차를 완전히 해소하기 위해, 인력·예산·시스템·문화적 측면에서 다층적 개선이 필요하다. 동시에 해외 사례를 참고하여 정보 공유와 통합 운영의 효율성을 높인다면, 정책 효과를 극대화하고 학생 지원의 질을 한층 강화할 수 있을 것이다.

Ⅵ. 실천 전략 및 제언

학생맞춤통합지원 정책의 성공적인 구현은 단순히 제도를 시행하는 것에 그치지 않고, 현장 교사, 교육복지조정자, 학교, 교육지원청, 그리고 지역사회가 유기적으로 협력할 때 비로소 가능하다. 이에 본 장에서는 실천 전략과 구체적 제언을 다섯 가지 관점에서 제시한다.

1. 조직문화 변화, 지속가능성 확보, 모니터링과 데이터 활용

1) 학교 및 교육지원 조직 내 문화적 변화가 필요하다.
 학생맞춤통합지원이 단순한 업무 지시로 인식되지 않고, 학교와 지역사회 구성원 모두가 참여하는 공유된 목표로 자리 잡아야 한다. 이를 위해 교사와 복지 담당자 간 정기적 협의, 사례 공유, 성공 사례 확산 등이 필요하며, 조직 내 신뢰와 협력 문화가 선결되어야 한다.

2) 지속가능성 확보 측면에서, 장기적 지원 체계를 마련하고 인력과 예산을 안정적으로 확보해야 한다.
단기적 프로젝트 중심의 접근은 정책 효과를 제한하므로, 학교와 교육청은 연속적 지원과 인력 충원 계획을 수립해야 한다.

3) 모니터링과 데이터 활용의 중요성이다.
 학생지원 정보, 사례관리 기록, 성과지표 등 데이터를 체계적으로 수집·분석하여, 정책 실행의 효과를 점검하고 개선안을 도출해야 한다. 이를 위해 디지털 플랫폼과 통계 시스템을 적극 활용하며, 데이터 기반 의사결정이 가능하도록 지원 체계를 강화해야 한다.

2. 학생 및 학부모 참여 증진

 학생맞춤통합지원의 실질적 효과는 학생과 학부모 참여 여부에 달려 있다. 학생 개별 요구를 정확히 파악하고, 학습·정서·사회적 지원을 적시에 제공하기 위해서는 학생과 학부모가 정책 과정에 적극적으로 참여해야 한다.
구체적으로, 학생 의견 수렴 절차, 학부모 상담회, 참여형 프로그램 설계 등을 통해 정책과 지원 과정에 학생과 학부모가 주체로 참여할 수 있어야 한다. 이러한 참여는 지원의 효과를 높일 뿐만 아니라, 학교-가정-지역사회 간 신뢰를 강화하는 데 기여한다.

3. 지역사회 자원 확보 및 관리

정책 성공의 핵심 요소 중 하나는 지역사회 자원의 효율적 확보와 관리다. 지역 내 복지기관, 의료기관, 상담센터, 비영리단체 등 다양한 자원을 학교와 연계하여 학생에게 적시에 제공할 수 있어야 한다.

이를 위해 마을 지도 작성, 정기 협의체 운영, 지역 네트워크 활성화가 필요하다. 또한 지역자원 목록과 사례관리 기록을 통합 관리하여, 중복 지원이나 사각지대 발생을 최소화하는 것이 중요하다.

4. 법과 제도적 지원 보강

학생맞춤통합지원의 안정적 운영을 위해서는 법적·제도적 기반 강화가 필수적이다. 지원 대상 학생 선정, 개인정보 관리, 지원 범위와 책임 소재 등에서 명확한 법적 근거가 필요하며, 교육부와 교육청 차원의 표준 매뉴얼과 지침이 마련되어야 한다.

또한, 정책 실행 과정에서 발생할 수 있는 예산, 인력, 업무 부담 문제를 제도적으로 보완함으로써, 학교와 지역사회가 지속 가능하게 참여할 수 있는 환경을 조성해야 한다.

5. 현장 적응을 위한 매뉴얼·지침 제안

마지막으로, 정책이 전면 시행될 때 현장 교사와 학교가 신속하게 적응할 수 있도록 매뉴얼과 지침을 제공해야 한다.
1) 사례관리 절차와 역할 분담, 보고 체계, 지원 계획 수립 방법 등 구체적 실무 지침 제공
2) 디지털 플랫폼 사용법, 데이터 기록 및 관리 방법 안내
3) 학생, 학부모, 지역사회 참여를 유도하는 커뮤니케이션 가이드 포함

이와 같은 매뉴얼은 현장의 혼선을 최소화하고, 정책 효과를 극대화하는 핵심 도구가 될 수 있다.

6. 네트워크 실무자 간 관계형성

 학생맞춤통합지원체계 구축의 성패는 제도적 설계나 행정적 지원에만 달려 있지 않다. 실무 현장에서 상호 신뢰와 협력적 관계를 얼마나 구축하느냐가 곧 사업의 지속성과 효과성을 결정짓는 핵심 요인이다.
사회적 자본은 제도적 자본보다 조직의 성과에 더 직접적인 영향을 미친다고 한다. 즉, 교사·상담사·교육복지사·지역기관 실무자 간의 관계망은 단순한 협업을 넘어, 문제 해결의 원동력으로 작동한다.
(※ 지역 유관기관 실무자 간의 사회·심리적 인간관계 즉, 정서적 교감의 밀도는 동 사업의 성패의 아주 중요한 영향을 미친다.)

 '관계가 곧 자원이자, 관계망의 질이 협력의 깊이를 결정한다'는 사회학 이론에 부합하듯, 실무자 간 신뢰 기반 네트워크 강화가 필수적이다. 결국 인간관계는 동 사업의 성패를 좌우하는 필요·충분조건이며, 관계적 역량은 제도적 설계만큼이나 전략적으로 매우 중요하다.

결론적으로, 동 사업은 조직문화 개선, 학생·학부모 참여, 지역사회 연계, 법적 지원, 실무 매뉴얼이라는 다층적 전략이 유기적으로 결합될 때, 학교는 학생의 전인적 성장과 교육 권리 향상을 실현하는 진정한 안전망이자 성장 플랫폼으로 자리매김할 수 있다.

Ⅶ. 논의(論議·Discussion)

학생맞춤통합지원은 단순한 교육복지 정책을 넘어, 학생 개인의 전인적 성장과 안전한 학습 환경을 확보하기 위한 조직적·제도적 장치로 기능할 수 있다. 본 논의에서는 방관자 효과와 하인리히 법칙을 중심으로, 학생 위기 대응체계의 실효성과 현장 적용 가능 사례를 바탕으로 구성하였다.

1. 하인리히 법칙과 조기 개입

하인리히 법칙은 산업 안전 분야에서 제시된 원리로, '300개의 작은 신호(징후)가 29개의 경미한 사건을 거쳐 1개의 중대 사고로 이어진다'는 경험적 패턴을 설명한다. 이를 교육 현장에 적용하면, 반복적 지각, 수업 집중력 저하, 과제 미제출 등 사소한 이상 행동이 누적될 경우, 친구와의 갈등, 일시적 무단결석, 부정적 SNS 게시 등 경미한 사건으로 전환되고, 최종적으로 손목 자해, 학업 포기, 심각한 정신건강 위기 등 중대 사고로 이어질 수 있음을 시사한다.

따라서 하인리히 법칙은 조기 개입의 필요성을 강조한다. 사소한 징후를 놓치지 않고 관찰, 기록, 공유함으로써 경미한 사건 발생 이전에 학생에게 개입할 수 있다. 학생맞춤통합지원 체계는 이를 실무적으로 구현하는 장치로, 개별 교사의 부담을 완화하고, 교사·상담사·전문기관 간 다층적 협력 구조를 마련한다. 즉, "300개의 작은 징후 → 29개의 사건 → 1개의 위기"라는 산업 안전 패턴을 "조기 발견 → 사전 개입 → 통합 지원"의 교육적 예방 모형으로 전환할 수 있다.

2. 방관자 효과와 교육 현장

방관자 효과는 다수의 목격자가 존재할 때, 개인의 개입 가능성이 오히려 감소하는 심리적 현상을 의미한다. 1960년대 뉴욕의 '키티 제노비스 사건'은 이 현상을 대표적으로 보여주며, 집단 심리와 개입 행동의 메커니즘에 대한 사회심리학적 연구를 촉발하였다.

교육 현장에서 방관자 효과는 교사 개인의 자발적 개입 의지를 약화시키는 구조적 요인으로 작동한다. 학생이 반복적으로 지각하거나 수업 참여를 회피하고, 혼잣말을 하거나 울음을 터뜨리는 등 사소한 징후가 다수 교사에게 관찰되더라도, 각 교사는 "담임이 알아서 처리하겠지", "상담사가 개입하겠지"라는 판단으로 행동을 미루는 경우가 많다.
이러한 책임 분산은 초기 징후 단계에서의 개입을 지연시키며, 사소한 문제가 중대 사건으로 전이될 가능성을 높인다.

또한, 사회적 영향은 교사들이 동료 교사의 태도를 참조하여 행동을 결정하게 하는 요인으로 작동한다. 회의나 교무실 등 집단적 환경에서, 특정 학생의 우울 증세나 반복적 지각 문제가 제기되더라도 다른 교사들이 침묵하거나 무심하게 반응하면, 문제 제기를 시도했던 교사 역시 위축된다. 이는 결과적으로 조기 개입 기회를 상실하게 하고, 위기 신호가 조직 차원에서 무시되거나 묻히는 구조적 요인으로 작용한다.

또한 평가 불안은 교사가 개입했을 때 잘못된 판단이라는 평가를 받을 수 있다는 심리적 두려움을 의미한다. 실제 사례에서 복도에서 울고 있는 학생을 목격한 다수 교사들이 개입을 주저했던 이유는 학생, 학부모, 동료 교사로부터 부정적 평가를 받을 수 있다는 우려 때문이었다. 이러한 불안은 교사의 전문성과 책임감을 약화시키며, 위기 대응에서 관망 태도를 강화한다.

결국 방관자 효과의 세 가지 기제는 교사 개인의 선의와 용기에만 의존하는 기존 접근이 한계를 지님을 보여준다. 따라서 교육 현장에는 책임의 명확화와 책임의 공유화를 동시에 실현할 수 있는 제도적 장치가 필수적이며, 학생맞춤통합지원 체계는 이를 가능하게 하는 구조적 장치로 작동한다.

3. 학교 문화의 패러다임 전환

학생맞춤통합지원의 성공적 실행은 단순한 제도적 설계에 그치지 않는다. 핵심은 조직문화와 인간관계이다. 교사가 작은 신호를 포착하고 개입할 수 있으려면, "누군가 하겠지"가 아니라 "내가 먼저 본다"는 책임 문화가 정착되어야 하며, 관찰과 개입 과정이 안전하게 기록·연계될 수 있어야 한다.

특히, 실무자 간 인간적 신뢰 구축은 학생맞춤통합지원의 성공 요인을 결정짓는 핵심 요소이다. 본 사업의 실무를 조정한 저자는 교사·상담사·교육청 담당자 및 지역사회 기관 실무자 간 신뢰적 관계망을 강화함으로써, 사업 실행 과정에서 발생할 수 있는 갈등과 책임 회피를 최소화하였다.

사회학 연구에서도 "관계가 곧 자원이며, 관계망의 질이 협력의 깊이를 좌우한다"고 하듯, 이러한 신뢰적 네트워크가 구축될 때, 실질적 효과를 발휘할 수 있다. 결국, 인간관계가 곧 동 사업의 성패를 좌우하는 필요·충분 조건으로 작용하며, 제도적 설계 못지않게 관계적 역량이 중요하다.

4. 제도적 · 실무적 시사점

본 논의를 통해 제시되는 주요 시사점은 다음과 같다.
· 책임 명확화
 각 교사, 상담사, 전문 인력의 역할을 분명히 하고, 작은 징후 관찰도 제도적으로 기록 · 연계한다.
· 조기 개입
 하인리히 법칙에 근거해 사소한 신호 단계에서 다층적 개입 모델을 설계한다.
· 문화적 전환
 "누군가 하겠지 → 내가 먼저 본다"의 책임 문화를 정착시켜, 교사가 적극적으로 행동할 수 있는 환경을 조성한다.
· 신뢰적 네트워크 구축
 교사, 상담사, 교육청 담당자 및 지역사회 기관 실무자 간 상호 신뢰와 협력적 관계망을 강화하여 사업의 지속성과 효과성을 높인다.
· 제도적 장치
 위기 학생 조기 경보 카드, 관찰 공유 플랫폼, 사례 기록 의무화 등을 통해 방관자 효과와 조기 개입 지연을 예방한다.

결국, 학생맞춤통합지원의 효과는 단순한 정책 도입에 있지 않고, 교사 행동, 조직문화, 관계망, 제도적 장치가 유기적으로 결합될 때 실현된다.
 이는 현대 고도화된 교육 환경에서 학생 위기 대응과 안전망 구축을 위해 반드시 구현되어야 하는 전략적 접근이다.

- 참고문헌 -

1. 정책 및 제도 관련 문헌
■ 「학생맞춤통합지원 정책 가이드라인」, 교육부, 2025.
■ 「학생지원 통합 운영 매뉴얼」, 교육부, 2025.
■ 「교육복지우선지원사업 운영 지침」, 교육부, 20

2. 학술 및 연구 자료
■ 「김영희, 『교육복지와 학생지원』, 교육과학사, 2022.
■ 「이준호, 『학생지원 정책의 이론과 실제』, 학지사, 2021.
■ 「박지현 외, 『학생지원 정책의 현장 적용』, 교육과학사, 2023.

3. 법령 및 지침
■ 「학생맞춤통합지원법」 (2024년 제정)
■ 「초·중등교육법」 및 「교육기본법」
■ 「개인정보 보호법」

4. 부록
■ 학생맞춤통합지원법 전문

■ 언론 기고문

<'공무직 연금공단' 설립을 제안한다>

중부일보 (2024. 10. 25)

 2023년 행정안전부 자료에 따르면, 우리나라의 공무원 수는 약 117만1천70명이다. 이 중 국가 공무원이 75만3천974명(64.4%), 지방 공무원이 39만1천484명(33.4%), 그리고 입법부, 사법부, 헌법재판소, 선거관리위원회에 소속된 공무원이 2만5천612명(2.2%)이다.
공무직(무기계약직)은 공무원이 아닌 행정기관에서 근무하는 노동자로, 2023년 기준 약 20만 여명에 달한다. 이들은 국가 및 지방자치단체 산하 기관에서 행정 및 공공 서비스를 주로 담당하며, 공무원과 달리 민간 노동법의 적용을 받는 특수한 직역이다.
교육부 자료에 따르면 17개 시·도교육청의 공무직은 25개 직종에 16만8천여 명이다. 정부기관 공무직은 노무현 정부에서 입법하여 현재에 이르고 있으며, 공무원과 같은 일을 하면서 신분상 차이는 상당하다.
예를 들면 급여의 차이는 말할 것도 없고 직위·직급도 없는 공무원의 그늘에 가려진 아류(亞流) 직종이다. 독립성이 강한 직역조차도 공무원과 종속관계로 인식되는 경우가 있다. 이는 공무직의 한계다. 결국, 이로 인해 그들의 직업의식과 직업윤리가 퇴색되고, 정서적 직무 피동성이 나타나는 등의 부작용이 발생하고 있다.
이를 해결하기 위해서는 조직 효율성을 높이기 위한 체계적인 교육과 개발 프로그램이 필요하다. 또한, 인간관계 측면에서도 팀워크와 소통을 강화할 수 있는 활동을 통해 공무직의 사기를 높이고, 정서적으로 직무 안정감을 제공하는 것이 중요하다. 이렇게 함으로써 공무직의 전반적인 직무 만족도를 향상시키고, 궁극적으로 조직의 성과를 극대화할 수 있을 것이다.
이 뿐만이 아니다. 공무원은 퇴직 후에도 일정 금액을 평생 연금으로 수령한다. 반면, 공무직은 그런 혜택이 전무하다.
공무직 전체를 공무원 신분으로 전환하는 것은 현실적으로 불가능에 가깝고, 그 많은 공무직의 퇴직 후 경제적 안정성을 방치한다는 것 또한 공무직 개인의 경제적 불안정성과 더불어 사회적 비용을 초래할 수도 있다.
해법은 없을까?
공무원 연금공단, 사학연금공단, 군인연금공단과 같이 '공무직 연금공단' 설립을 제안한다. 현재 공무직의 퇴직금은 각 기관에서 개인이 금융상품을 선택해 적립하고 있다. 이를 개선하여 전국의 공무직을 대상으로 공무직 연금공단을 만들어 금융 전문가가 운용하도록 하자. 이러한 변화는 공무직의 퇴직 후 경제적 안정성과 사기진작이라는 두 마리 토끼를 잡을 수 있을 것이다.

김문수 고용노동부 장관도 9월 27일 조선일보와의 인터뷰에서 "382조원 규모의 퇴직연금에 '기금형' 제도 도입을 검토할 것"이라고 밝혔다. 그는 또한 "퇴직연금의 일부를 국민연금공단과 같은 전문 운용 조직에 맡기는 방안을 추진할 예정"이라고 강조했다.
국가적으로 '공무직 연금공단'이 설립된다면, 기금은 금융산업 자본으로 전이되어 국가 경제에 직·간접적으로 크게 이바지하게 될 것이기에 국가적으로도 장려할 사안이라고 본다.
'공무직 연금공단' 설립 제안은 공무원 신분으로 전환하자는 것도 아니고, 국가 예산을 요구하는 것은 더욱 아니다. 단지 퇴직금 적립방식을 연금공단이라는 제도로 끌어들여 공무직들의 퇴직 후 경제적 안정성을 극대화 하자는 취지다.
정부 여당은 실현 불가능한 말로 공무직들에게 희망고문 할 것이 아니라, 지극히 실현 가능한 개혁과제로 가칭 '공무직 연금공단' 설립을 위한 입법을 주문한다.

조직 사회학자 로자베스 모스 캔터에 따르면, 어느 집단이든 19%를 차지하게 되면 소수자의 지위를 벗어나게 된다고 한다. 공무직을 소수자의 지위로 본다든지 넛두리쯤으로 생각한다면 이는 결코 국민통합 측면에서도 바람직하지 않다.

공무직 연금공단 설립은 현란한 구호가 아니고, 미묘하고 난감한 퍼즐도 아니다. 얼마든지 실현 가능한 개혁과제다.

<'교육복지사' 자격 법제화가 필요하다>

중부일보 (2022.04.20.)

21세기 빅데이터와 인공지능(AI)이 보편화되는 복잡 다양한 사회에 살고 있다.

이렇다 보니 우리나라 직업의 종류도 1만2천145개다. 이는 본 직업과 관련된 직업만을 더한 숫자로 유사 직업까지 합치면 1만6천442개다(대한민국 직업사전. 2020) 그만큼 사회가 다양화 특성화 전문화 되고 있다는 방증이다.

학교 사회도 예외가 아니어서 전통적으로 교과교사 중심에서 다양한 특성화 전문화된 교사 인력이 보강되어 기능이 분화하고 있다.

예를 들어 교사도 교과중심 교사와 특수목적 교사(보건교사, 영양교사, 사서교사, 특수교사, 치료교사, 상담교사 등)로 다양화 특성화 전문화 하고 있다.

이는 복잡한 현대사회의 맞춤형 전문 인력의 보강이라는 측면에서 바람직한 일이다.

그만큼 학생 교육도 교과교사 중심에서 다양한 전문 인력의 보강으로 효율화 합리화 과학화된 경영체제로 진보하였다고 사료된다.

하지만 학교 현장은 사회·경제적 양극화로 인한 교육격차 및 교육 불평등이 날로 심각해지고 있는 상황에서 교육 취약계층 및 사각지대 학생에 대한 교육복지 수요가 그 어느 때보다 절실히 요구되고 있다.

경기도의 경우 교육복지사의 역할을 대별하면 가정-학교-지역사회 연계, 학생에 대한 심리·정서 지원 및 사회복지서비스, 담임교사와의 협력활동, 사례관리, 가정에 대한 사회복지서비스, 정책 결정 및 행정, 전문적 활동으로 구분되었다

교육당국은 학교의 학생복지 수요가 급격하게 요구되어 갑자

기 배치하다 보니 법제화가 아닌 교육부 훈령에 의하였다.
이렇다 보니 '교육 복지사'들의 법적 신분을 명확히 할 필요가 제기되고 있다.
교육부 훈령에 근거하다 보니 각 시·도교육청과 광역단체장, 지역교육지원청과 기초단체마다 인건비와 소속 주체를 놓고 갈등을 빚는가 하면 급기야 해고 사태까지 일어나고 있다.
교육복지사의 비중과 위상을 시대적 수요에 맞춰 이들을 특수목적 교사처럼 학부과정에서 교직과목을 이수케 하여 '교육복지사'로 자격증을 부여할 필요가 요구된다.
현직 교육복지사는 전술한 특수목적 교사들의 예에서 보듯 대학원 과정에서 교직과목을 이수케 하여 '교육복지사'로의 전환이 필요하다.
이들에게 신분불안 없이 직무에 전념할 수 있도록 전문성 강화와 함께 제도적으로 직업 안정성 보장은 학생복지의 질적 향상으로 이어질 것임은 자명하다.
학교라는 조직사회에서 소외 받고 외면받기 쉬운 취약계층 및 사각지대 학생들의 사례 관리와 또래 학생들과 학교생활을 동일 선상에서 공정하게 출발시키고자 하는 교육복지사들의 노력과 역할은 결코 가볍지 않다.
이 같은 교육복지사들의 헌신적인 활동은 전문성과 더불어 윤리의식 및 사명감은 어느 직역과 비교해도 손색이 없다고 감히 말할 수 있다.
전대미답(前代未踏)의 코로나19 감염병 위기 상황은 교육복지사의 직무 역시 그 영향에서 자유롭지 않았다. 학생들을 직접 대면할 수 없는 상황 속에서 전화, SNS, 가정방문, 컴퓨터 기기 조작 미숙 등으로 사업계획을 계속 수정·변경해야 하는 상황을 맞이하기도 하였다.
위기의 청소년(*가정과 사회에서 온전히 적응하기 어려운 학생)이 급증하고 있는 현실에서 취약계층과 사각지대 학생의 복지는 선택이 아니라 공정사회의 출발점이다.

학교에서 최소한의 교육 안전망이 교육복지우선지원사업이다. 만약 취약계층 및 사각지대학생을 방임내지 방기(放棄)하여 위기의 청소년으로 내몰리면 이들로 인한 사회적 비용은 산출조차 어렵다.
장차 우리나라의 동량(棟樑)이 될 학생들에게 단지 취약계층 및 사각지대 학생이라는 이유로 공정한 출발선이 무너진다면 훗날 그들에게 죄를 짓는 일이 아닐 수 없다.
오늘도 현실은 잿빛인데 소년 소녀들의 마음속은 온통 초록빛이다.
윤석열 당선인의 국정기조가 될 공정과 상식은 아동(학생)권리보장이라는 측면에서 학생복지의 초석(礎石)이 될 것이다.

< '교육복지안전망'은 시스템보다 운영의 묘(妙)다 >

중부일보 (2021.06.11.)

　신종 코로나19로 인하여 미증유(未曾有)의 상황은 교육계도 예외가 아니다.
특히 비대면 수업으로 인한 취약계층 즉 복지 사각지대 학생들의 교육격차가 더 벌어졌다고 언론마다 문제점을 지적한다.
이는 시스템의 문제라기보다 소프트웨어의 문제라고 본다.
교육복지 사각지대 학생은 조손가정, 편부모 가정, 부모는 있으나 경제력 부재로 인한 위기 가정 등이 해당된다.
이러한 사각지대 학생(취약계층)을 방치한다면 학생 개인의 문제만이 아니라 그들이 정상적으로 성장하지 못 했을 때 사회적 비용은 산출조차 쉽지 않다.
이는 국민통합과 인권이라는 보편적 가치에도 반하는 일이다.
교육복지 사각지대를 해결하고자 국가 기관 중 교육청이 주체가 되어 여러 유관기관과 거버넌스를 구축하여 민·관·시민사회 단체가 협력행정으로 해결하고 있다.
이를테면, 각 학교 현장에서 교육복지 사각지대 학생이 발생하였을 때 연계 시스템은 다음과 같이 작동된다.
복지 사각지대 학생이 발생하면 담임교사는 상황을 육하원칙에 따라 교사 의견을 첨부하여 지역 교육지원청으로 보고만 하면 교사의 역할은 끝난다.
그 후 각 지역교육청 담당자는 사각지대 학생에 적합한 맞춤형 복지 시스템을 매뉴얼대로 유관기관에 연계하여 해결케 한다.
참고로 학부모들은 담임교사에게는 치부를 숨기고 싶어 하는 경향이 있으나 유관기관 담당자에게는 오히려 과할 정도로 진솔하게 어려움을 말 해 준다.
필자가 재직하고 있는 교육청의 경우 교육복지안전망 '해오름울타리'(각 지원청마다 명칭은 상이 함) 사업을 소개하여

각 학교 담임 교사 뿐만 아니라 전 국민들의 동참을 이끌어 내고자 소개해 본다.

장학금이 시급한 학생은 '광명희망나누기운동본부'에 연계하여 해결하고, 멘토링과 상담이 필요한 학생은 '청소년상담복지센터'에 연계한다.

스마트폰 과몰입의 학생은 '심리상담센터 마음씨', 조현증 또는 정신적 치료가 요구되는 학생은 '정신건강복지센터'에 연계하여 치유케 한다.

가족생계 지원이 필요한 학생은 권역별 '종합사회복지관'과 '행정복지 센터'에 연계하고, 아동 학대 와 방임 학생은 '아동보호전문기관'으로 연계하여 통합지원하게 한다.

꿈을 찾거나 장점을 키우며 학생진로 지도가 요구되는 학생은 '광명희망플랜센터'에 연계하여 지도한다.

부모 자녀 간 진솔한 대화 부족으로 가족기능 강화가 필요한 가정은 '건강가정·다문화 가족지원센터'에 도움을 요청하고, 본 청에서는 '우리가족 징검다리' 프로그램을 함께 운영하고 있다.

이와 같이 교육복지 사각지대 학생을 위한 지원 시스템에 아쉽고 부족함도 있으나 담당자들의 노력 여하에 따라 결과는 천양지차다. 특히 본청의 교육복지안전망(해오름 울타리 사업)은 금년도 교육부 시범사업에 선정되면서 탄력을 받고 있다.

이렇다 보니 사각지대 경계선상에 있는 학생까지 도움을 줄 수 있는 여력이 생겼다.

이 글을 쓰면서 본의 아니게 당연한 직무활동을 부각시키는 것 같아 주저하였던 것도 사실이다. 하지만 교육복지 사각지대 학생 지원활동에 전 국민의 동참과 정책 담당자들의 관심을 촉구하는 의미에서 용기를 내었다.

사각지대 학생은 어느 한 기관만으로 해결할 수 없는 다양한 상황이 있기에 반드시 유관기관 연계가 중요하다.

청소년들에게 출발선의 공정성 문제는 성문화 되지 않은 규범과 성숙한 사회적 양식에 기반 한다.
그런 의미에서 교육복지우선사업은 현 정부 정책기조와도 맥을 같이 하며, 복지와 인권은 21세기 시대정신이자 청소년들의 화두인 공정과 정의의 가치이기도 하다.

<'교육복지우선지원사업' 道 전체 시·군 일반화하자>

중부일보 (2020.05.21.)

　세계는 '코로나 이전'과 '코로나 이후'를 경계로 나뉘어질 것이 점점 분명해지고 있다.
단지 한낱 질병 바이러스에 대한 방역 대응 차원이 아닌 1~4차 산업혁명을 거쳐 쌓아온 인류의 여러 시스템과 매커니즘을 변화시킬 것이다.
급기야 질병관리본부의 권고에 따라 교육부는 개학을 연기하였고 제대로 된 준비 없이 온라인 학습이 시행되었다.
물론 전대미문의 상황에서 일선학교는 허둥대고 시행착오가 다반사라는 학부모들의 푸념이다.
우리나라가 인터넷 강국이라지만 온라인 학습은 학생 중 지역과 계층에 따라 상이하며 광명시의 경우 2019년 통계로 7.1%(2천582명) 전후 학생이 불완전한 상태다.
특히 조손 가정의 문자에는 온라인 클래스, 앱, e메일 등 노인층에게는 상당히 익숙하지 않은 용어들이 가득하다.
맞벌이 가정, 기초생활 수급가정, 차상위 계층까지도 온라인 학습을 할 여건이 부족한 것이 현실이다.
일선 초중고등학교 학생들은 미래의 주역들이다.
한데 그들의 출발선이 기울어진 운동장이라면 바로잡아야 할 책무성은 전적으로 국가에 있다. 바꿔 말하면 교육복지 시각지대 학생들은 국가가 국민통합 차원에서 지원하여 출발선의 공정성을 지켜줘야 한다.
그것이 복지를 구현하는 자유민주주의의 요체다.
　'꿈으로 가는 길은 사다리가 아니라 경력과 경험들이 엮인 정글짐에 가깝다'고 소설가 백영옥은 말한다.
따라서 본 교육지원청은 광명시 지역의 내 초등학교 25곳, 중학교 12곳, 고등학교 11곳 등 총 48개 학교 전체를 교육복지 우선지원사업으로 지정하여 교육의 사각지대를 해소하였다.
이는 경기도 31개 시·군 중 유일하게 보편적 교육복지우선지원사업을 모든 학교에 시행하는 최초의 사례이기도 하다.
눈길을 끄는 대목은 첫째 공공기관 연계사업으로 광명시, 스피돔&광명YMCA, 기아자동차, 서울한영대학교, 월드비전 경기서부지역본부 등과 연계하여 위기지원 학생 연결 프로그램을 운영하였다.
둘째, 지역자원연계 사업으로 광명시청 무한돌봄센터, 광명희망나기운동본부, 관내 종합사회복지관(3곳), 청소년 상담복자센터, 장애인장학회, 광명시 지역아동센터연합회 등과 연계하여 맞춤형 지원을 하였다.
셋째, 유관부서 연계사업으로 혁신교육지구 해오름교육복지 운영, 방과후 지원센터, 학부모지원센터, Wee 센터와 연계하여 사업이 중복 중첩되지 않도록 조정하였다.
마지막으로 지속 가능한 사업 구축을 위해 가족기능 강화 프로그램을 6년째 운영하여 연속성과 지속성을 유지하였다.
'시간적 가치 비대칭 이론'에 의하면 인간은 현재보다 다가올 미래를 더 희망적으로 생각하는 경향이 있다고 한다. 이를 바탕으로 학생들에게 꿈과 희망, 자존감을 갖는 심리정서 프로그램에 중점을 두고 학생들의 자아효능감 유발로 유인가를 높였다.
본 사업이 성공할 수 있었던 배경에는 다음과 같다.
사각지대 학생들의 귀중한 인적 자원을 사회적 불구자로 방치시킬 수 없다는 취지에서 각급 기관장들의 전폭적 지원이 있었고, 다음으로 일선 학교 교사와 교육 복지사들의 헌신에 감읍(感泣)한 학부모와 학생들의 협조와 자발성에 기인한다.
'용의 씨는 고르게 뿌려진다'는 가설을 믿고 교육복지우선지원사업이 경기도 전체학교로 확산되기를 기대해 본다.

〈잃어버린 천재를 찾을 마지막 기회〉
— 학생맞춤형통합지원이란? —

경기일보 (2025. 07. 18)

 내년부터 전국 초·중·고등학교에서 '학생맞춤형통합지원', 이른바 '학맞통'이 전면 도입된다. 현장에서는 학생들이 겪는 어려움이 점점 복합화·다양화되고 있지만 기존 지원 체계는 기초학력 보정, 심리상담, 경제 지원 등 분야별로 나뉘어 있어 학생 개개인의 전인적 문제를 충분히 포괄하지 못하는 한계가 있었다. 이로 인해 잠재된 '천재성'이나 '가능성'이 적절한 시기에 발견되지 못하고 지원 사각지대에 머무는 경우가 적지 않았다.
 이러한 문제를 해결하기 위해 2025년 1월 국회에서 제정된 '학생맞춤통합지원법'은 학생 중심 지원 체계 구축을 목표로 한다. 그동안 분절적으로 운영되던 기초학력 보정, 위(Wee센터) 심리상담, 교육비 지원 등 다양한 사업을 하나의 통합된 틀로 연결해 단편적인 처방이 아닌 학생 한 명 한 명의 전인적 성장과 회복을 돕는 구조로 전환한 것이다.
 이제 학교와 교육청은 학생의 복합적 어려움을 조기에 발견하고 필요할 경우 지역사회 및 외부 전문기관과 협력해 맞춤형 개입을 본격적으로 진행하고 있다. 조기 발굴→통합 진단→맞춤 개입→지역 자원 연계의 체계를 통해 더 이상 누구도 지원의 사각지대에 머무르지 않도록 하겠다는 의지다.
 이를 위해 현장에서는 세 가지 지원 체계가 작동한다. 첫째, 조기 발견 체계로 교직원 모두가 학생의 결석, 무기력, 이상 행동 등 이탈 신호를 포착하고 신속히 대응할 수 있도록 시스템을 구축했다. 둘째, 통합지원 협력체계에서는 담임교사, 전문 상담 인력, 교육복지사, 지역의 전문가가 팀을 이뤄 개별 학생에게 맞춘 지원 계획을 수립하고 실행한다. 셋째, 정보 및 자원 연계 체계를 통해 교육지원청과 지자체 등 관련 기관의 복지·심리·학습 자원을 통합 관리해 학생이 이동해도 정보 단절 없이 지속적으로 지원받을 수 있다. 지원 영역도 매우 다양하다. 기초학력 진단과 보충수업을 포함한 학습 지원, 교육비 및 위(Wee) 프로젝트 등 복지·경제 지원, Wee센터의 개별 및 집단 심리상담, 학교폭력과 아동학대 예방, 다문화·장애 학생과 학업 중단 위기 학생에 대한 통합적 보호와 지원까지 폭넓게 이뤄진다. 학생 한 명 한 명의 가능성을 놓치지 않는 통합지원 체계가 이제 막 자리를 잡아가고 있다. 그러나 진정한 효과를 내기 위해서는 현장의 세심한 실행력과 지역사회와의 긴밀한 협력이 필수적이다. '잃어버린 천재'를 다시 찾아내 그 가능성을 꽃피우는 마지막 기회가 바로 지금이다.

복지경제학과 개발경제학 분야에서 큰 업적을 쌓아 노벨 경제학상을 수상한 인도의 아마르티아 센은 '빈곤이란 단지 재화의 결핍이 아니라 자유와 역량의 상실'이라고 정의했다. 저소득층 학생들의 계층 이동성을 보장하기 위해서는 사회 전반의 관심과 지원이 절실하다. 이는 국민통합 차원에서도 매우 중요한 과제다.

'학생맞춤형통합지원', 즉 K-'학맞통'이 학교 현장에 안정적으로 정착해 모든 학생이 차별 없이 교육 기회를 누릴 수 있는 사회가 구현되기를 진심으로 희망한다. 이는 교육의 공공성과 형평성을 중시하는 정책 방향과도 일치하며 궁극적으로 사회적 정의와 공정한 기회 제공이라는 핵심 가치를 구현하는 데 본질적인 기여를 할 것이다.

학생맞춤통합지원법

[시행 2026. 1. 22.] [법률 제20671호, 2025. 1. 21., 제정]
교육부 (법무개혁담당관) 044-203-6161

제1장 총칙

제1조(목적) 이 법은 학생이 학교와 학교 밖 생활에서 겪는 어려움을 극복하고 건강하게 성장할 수 있도록 학생 개인의 상황에 적합한 학습, 복지, 건강, 진로, 상담 등 통합적 지원에 필요한 사항을 정함으로써 모든 학생의 교육받을 권리를 보장하고, 전인적 인재로 성장하는 데 이바지함을 목적으로 한다.

제2조(정의) 이 법에서 사용하는 용어의 뜻은 다음과 같다.
 1. "학생맞춤통합지원"이란 학생의 학습참여를 어렵게 하는 기초학력 미달, 경제적·심리적·정서적 어려움, 학교폭력, 경계선 지능, 아동학대 등 다양한 문제를 통합적으로 해소하고 학생의 전인적 성장과 교육받을 권리 향상을 위하여 이루어지는 지원으로서 다음 각 목의 어느 하나에 해당하는 것을 말한다.
가. 제2호에 따른 지원대상학생에게 이루어지는 학습·복지·건강·진로·상담 등의 지원나. 그 밖에 학생 등의 학습참여를 도모하기 위하여 직접적 또는 간접적으로 이루어지는 지원으로서 대통령령으로 정하는 지원.
2. "지원대상학생"이란 제10조에 따라 학생맞춤통합지원 대상으로 선정된 학생을 말한다.
3. "학교"란 「초·중등교육법」 제2조 각 호에 따른 학교 및 「평생교육법」 제31조제2항에 따라 고등학교졸업 이하의 학력이 인정되는 학교형태의 평생교육시설을 말한다.
 4. "보호자"란 친권자, 후견인 및 그 밖에 법률에 따라 학생

을 보호하거나 부양할 의무가 있는 자를 말한다.
　5. "교육행정기관"이란 특별시·광역시·특별자치시·도 또는 특별자치도(이하 "시·도"라 한다)의 교육 관서를 말한다.

제3조(국가 등의 책무) ① 국가와 지방자치단체는 학생맞춤통합지원을 위하여 다음 각 호와 관련하여 필요한 지원을 하여야 한다.

1. 지원대상학생의 조기발견 체계 구축
2. 원활한 학생맞춤통합지원을 위한 사업개발, 지원체계 구축 및 전문인력 양성
3. 학생맞춤통합지원의 효과적인 수행을 위한 관계 중앙행정기관 및 특별시장·광역시장·특별자치시장·도지사·특별자치도지사(교육감을 포함한다)와의 연계·협력 체계 구축
4. 학교 및 교직원의 전문성 향상
5. 학생맞춤통합지원을 위한 관계 법령의 정비와 각종 정책의 수립·시행, 평가 및 조사·연구
② 국가와 지방자치단체는 학생맞춤통합지원을 위하여 필요한 재원과 인력을 확보하도록 노력하여야 한다.
　③ 교육감은 교육에 관한 각종 시책을 시행할 때 학생맞춤통합지원을 위하여 노력하여야 한다.
　④ 학교의 장은 학교교육의 과정에서 학생맞춤통합지원이 원활하게 이루어질 수 있도록 노력하여야 한다.
　⑤ 보호자와 교원 등은 보호하거나 지도하는 학생이 학생맞춤통합지원을 통하여 전인적으로 성장하고 교육받을 권리를 보장받을 수 있도록 노력하여야 한다.

제4조(다른 법률과의 관계) 학생맞춤통합지원에 관하여 다른

법률에 특별한 규정이 있는 경우를 제외하고는 이 법에서정하는 바에 따른다.

제2장 학생맞춤통합지원 추진체계

제5조(시·도학생맞춤통합지원위원회) ① 시·도의 학생맞춤통합지원에 관한 사항을 심의하기 위하여 교육감 소속으로 시·도학생맞춤통합지원위원회(이하 "시·도위원회"라 한다)를 둔다.
 ② 교육감은 시·도위원회의 효율적 운영을 위하여 필요한 경우 학습·복지·건강·진로·상담 등을 심의하기 위한 교육감 소관 위원회를 정비하거나 효율화하도록 노력하여야 한다.
 ③ 시·도위원회는 다음 각 호의 사항을 심의한다.

1. 지원대상학생의 조기발견 및 조기개입 체계 구축
2. 학생맞춤통합지원을 위한 시책의 수립 및 추진실적 분석·평가
3. 학생맞춤통합지원 활성화를 위한 기관 간 업무의 조정
4. 제8조에 따른 시·도학생맞춤통합지원센터 및 지역학생맞춤통합지원센터의 설치·지정
5. 그 밖에 학생맞춤통합지원에 관한 주요 사항으로서 위원장이 회의에 부치는 사항
 ④ 시·도위원회는 심의와 관련하여 필요한 경우 관계 기관의 장에게 자료의 제출 을 요청할 수 있다. 이 경우 요청을 받은 관계 기관의 장은 정당한 사유가 없으면 그 요청에 따라야 한다.
 ⑤ 그 밖에 시·도위원회의 구성·운영 등에 필요한 사항은 대통령령으로 정한다.

제6조(지역학생맞춤통합지원위원회) ① 「지방교육자치에 관한 법률」 제34조제3항에 따른 교육장(이하 "교육장"이라 한다)은 같은 법 제34조제1항에 따른 교육지원청의 학생맞춤통합지원에 관한 사항을 심의하기 위하여 교육지원청에 지역학생맞춤통합지원위원회(이하 "지역위원회"라 한다)를 둔다.
② 교육장은 지역위원회의 효율적 운영을 위하여 필요한 경우 학습·복지·건강·진로·상담 등을 심의하기 위한 교육장 소관 위원회를 정비하거나 효율화하도록 노력하여야 한다.
③ 지역위원회는 다음 각 호의 사항을 심의한다.
1. 지원대상학생의 조기발견 및 조기개입 체계 구축
2. 학생맞춤통합지원을 위한 시책의 수립 및 추진실적 분석·평가
3. 학생맞춤통합지원 활성화를 위한 기관 간 업무의 조정
4. 그 밖에 학생맞춤통합지원에 관한 주요 사항으로서 위원장이 회의에 부치는 사항
④ 지역위원회는 심의와 관련하여 필요한 경우 관계 기관의 장에게 자료의 제출을 요청할 수 있다. 이 경우 요청을 받은 관계 기관의 장은 정당한 사유가 없으면 그 요청에 따라야 한다.
⑤ 지역위원회는 제3항에 따른 사항을 심의할 때 교원, 학생 및 보호자의 의견을 수렴하기 위한 방안을 마련하여야 한다.
⑥ 그 밖에 지역위원회의 구성·운영 등에 필요한 사항은 대통령령으로 정한다.

제7조(중앙학생맞춤통합지원센터의 지정) ① 교육부장관은 학생맞춤통합지원사업의 통합적·효율적 지원을 위하여 전문인력 및 시설 등을 갖춘 기관 또는 단체를 중앙학생맞춤통합지원센터(이하 "중앙지원센터"라 한다)로 지정할 수 있다.
② 중앙지원센터는 다음 각 호의 업무를 수행한다.
1. 학생맞춤통합지원 관련 사업의 운영 지원

2. 학생맞춤통합지원과 관련된 각종 조사·연구 및 정책 분석·평가
3. 학생맞춤통합지원 프로그램 개발의 지원
4. 학생맞춤통합지원의 효과적인 수행을 위한 관계 중앙행정기관 및 특별시장·광역시장·특별자치시장·도지사·특별자치도지사(교육감을 포함한다)와의 연계·협력 체계 구축 지원
5. 제14조에 따른 연수과정의 개발·보급
6. 제8조제1항에 따른 시·도학생맞춤통합지원센터 및 같은 조 제2항에 따른 지역학생맞춤통합지원센터에 대한 지원
7. 그 밖에 교육부장관이 학생맞춤통합지원의 수행을 위하여 필요하다고 인정하는 사항
③ 교육부장관은 중앙지원센터가 다음 각 호의 어느 하나에 해당하는 경우에는 그 지정을 취소할 수 있다. 다만, 제1호에 해당하는 경우에는 그 지정을 취소하여야 한다.
1. 거짓이나 그 밖의 부정한 방법으로 지정을 받은 경우
2. 제5항에 따른 지정기준에 적합하지 아니하게 된 경우
3. 업무수행능력이 현저히 부족하다고 인정되는 경우
4. 그 밖에 중앙지원센터로서의 업무수행이 어려운 사유로서 대통령령으로 정하는 경우
④ 교육부장관은 제3항에 따라 중앙지원센터의 지정을 취소하려면 청문을 하여야 한다.
 ⑤ 그 밖에 중앙지원센터의 지정 및 지정 취소의 기준·절차 등에 필요한 사항은 대통령령으로 정한다.

제8조(시·도학생맞춤통합지원센터 및 지역학생맞춤통합지원센터의 설치·지정) ① 교육감은 다음 각 호의 학생맞춤통합지원 업무를 수행하기 위하여 해당 시·도에 시·도위원회의 심의를 거쳐 시·도학생맞춤통합지원센터(이하 "시·도지원센터"라 한다)를 설치하여야 한다. 다만, 시·도지원센터를 설치할 수 없는 특별한 사유가 있는 경우에는 지정할 수 있다.

1. 교육감 소관 학생맞춤통합지원 관련 시책의 총괄·조정
2. 교육감 소관 학생맞춤통합지원 관련 센터 및 조직 등의 총괄·관리 및 센터 간의 연계
3. 학생맞춤통합지원 업무의 수행
4. 학교가 제11조에 따른 학생맞춤통합지원을 수행하는 데 필요한 지원
5. 제2항에 따른 지역학생맞춤통합지원센터 운영의 지원
6. 그 밖에 교육감이 필요하다고 정하는 업무
② 교육감은 다음 각 호의 학생맞춤통합지원 업무를 수행하기 위하여 교육지원청에 시·도위원회의 심의를 거쳐 지역학생맞춤통합지원센터(이하 "지역지원센터"라 한다)를 설치하여야 한다. 다만, 지역지원센터를 설치할 수 없는 특별한 사유가 있는 경우에는 지정할 수 있다.
 1. 교육장 소관 학생맞춤통합지원 관련 센터 및 조직 등의 총괄·관리 및 센터 간의 연계
2. 학생맞춤통합지원 업무의 수행
3. 학교가 제11조에 따른 학생맞춤통합지원을 수행하는 데 필요한 지원
4. 그 밖에 교육감이 필요하다고 정하는 업무
③ 시·도지원센터와 지역지원센터는 학생들의 이용 편의를 고려하여 교육행정기관 이외의 장소에 설치·지정할 수 있고 지역지원센터의 명칭은 조례로 달리 정할 수 있다.
 ④ 교육감은 시·도지원센터 또는 지역지원센터가 다음 각 호의 어느 하나에 해당하는 경우에는 그 지정을 취소할 수 있다. 다만, 제1호에 해당하는 경우에는 그 지정을 취소하여야 한다.
 1. 거짓이나 그 밖의 부정한 방법으로 지정을 받은 경우
 2. 제6항에 따른 지정기준에 적합하지 아니하게 된 경우
 3. 업무수행능력이 현저히 부족하다고 인정되는 경우
⑤ 교육감은 제4항에 따라 시·도지원센터 또는 지역지원센터의 지정을 취소하려면 청문을 하여야 한다.

⑥ 그 밖에 시·도지원센터 또는 지역지원센터의 지정 및 지정 취소의 기준·절차 등에 필요한 사항은 대통령령으로 정하는 기준에 따라 해당 시·도의 조례로 정한다.

제9조(학생맞춤통합지원을 위한 실태조사) ① 교육부장관은 학생맞춤통합지원의 현황 및 실태를 파악하고 학생맞춤통합지원 정책을 수립하기 위한 기초자료로 활용하기 위하여 매년 학생맞춤통합지원에 대한 실태조사를 실시하여야 한다.
② 교육부장관은 제1항에 따른 실태조사를 위하여 관계 중앙행정기관의 장, 지방자치단체의 장, 「공공기관의 운영에 관한 법률」에 따른 공공기관의 장, 그 밖의 관련 법인 및 단체에 대하여 필요한 자료의 제출을 요청할 수 있다.
이 경우 요청을 받은 자는 정당한 사유가 없으면 이에 협조하여야 한다.
③ 제1항에 따른 실태조사의 범위, 시기, 방법 등에 필요한 사항은 대통령령으로 정한다.

제3장 학생맞춤통합지원

제10조(지원대상학생의 선정) ① 교육감은 학생맞춤통합지원이 필요한 학생을 조기에 발견하고 지원하기 위한 방안을 마련하여야 한다.
② 학생, 보호자 또는 교직원은 학생맞춤통합지원이 필요하다고 판단되는 경우 해당 학생을 지원대상학생으로 선정하여 줄 것을 학교의 장에게 요청할 수 있다.
③ 학교의 장은 제2항에 따른 요청을 받은 경우 대통령령으로 정하는 선정 기준·절차에 따라 지원대상학생을 선정하여야 한다.
④ 학교의 장은 필요하다고 판단되는 경우 교육감 또는 교육

장에게 지원대상학생의 선정과 제11조 및 제12조제1항에 따른 지원을 요청할 수 있다.

⑤ 교육감 또는 교육장은 제4항에 따른 요청을 받은 경우 대통령령으로 정하는 선정 기준·절차에 따라 지원대상학생을 선정하고, 선정 여부 및 그 사유를 학교의 장에게 알려주어야 한다.

⑥ 교육감, 교육장 및 학교의 장은 제3항 및 제5항에 따른 지원대상학생 선정을 위하여 「기초학력 보장법」 제7조에 따른 기초학력진단검사 결과와 학급담임교사 및 해당 교과교사의 의견, 보호자에 대한 상담결과 등을 활용하여야 한다.

⑦ 교육감, 교육장 및 학교의 장은 학생맞춤통합지원이 필요한 학생을 발견한 경우 제3항에 따른 선정 절차를 밟을 수 있도록 노력하여야 한다.

⑧ 그 밖에 지원대상학생 선정 방법 및 절차, 지원대상학생 선정 과정에서 이용 가능한 정보의 범위, 선정 관련 자료의 관리 및 보유기간 등에 필요한 사항은 대통령령으로 정한다.

제11조(학생맞춤통합지원 등) ① 교육감, 교육장 및 학교의 장은 지원대상학생에 대하여 다음 각 호의 지원을 학생의 필요에 맞추어 제공·관리할 수 있다.
 1. 학생이 학업을 지속하는 데 필요한 교육비 등 교육복지 지원
 2. 학생의 심리적·정서적 어려움을 해소하기 위한 상담 지원
 3. 「초·중등교육법」 제28조에 따른 학업에 어려움을 겪는 학생에 대한 교육과 연계된 지원
 4. 「초·중등교육법」 제28조의2에 따른 다문화학생등에 대한 교육 지원과 연계된 지원
 5. 「장애인 등에 대한 특수교육법」에 따른 특수교육대상자에 대한 교육지원과 연계된 지원
 6. 「기초학력 보장법」 제2조제3호에 따른 학습지원교육과

연계된 지원
 7. 「긴급복지지원법」 제9조에 따른 긴급지원과 연계된 지원
 8. 「진로교육법」 제11조에 따른 진로상담 관련 지원
 9. 「학교보건법」 제9조 및 제12조에 따른 학생의 보건관리·안전관리 관련 지원
 10. 복지서비스, 의료지원 등 연계
 11. 그 밖에 대통령령으로 정하는 지원
② 학교의 장은 제10조에 따른 지원대상학생의 선정과 제1항에 따라 지원대상학생에 대하여 제공·관리하는 지원을 효율적으로 하기 위하여 필요한 경우 다음 각 호의 조직을 활용하거나 통합하여 운영할 수 있다.
 1. 교육복지 지원을 수행하기 위한 학교 내 위원회
 2. 학생 상담 지원을 수행하기 위한 학교 내 위원회
 3. 「기초학력 보장법」 제8조제1항에 따른 학습지원대상학생에 대한 지원을 수행하기 위한 학교 내 협의회
 4. 그 밖에 학생맞춤통합지원과 관련된 활동을 수행하는 학교 내 위원회
③ 교육감, 교육장 및 학교의 장이 학생맞춤통합지원을 하려는 경우에는 지원대상학생 및 보호자의 동의를 받아야 한다.
 ④ 교육부장관과 교육감은 제1항에 따른 지원을 위한 비용의 전부 또는 일부를 예산의 범위에서 지원할 수 있다.
 ⑤ 교육감은 학생맞춤통합지원사업을 효율적으로 추진할 수 있도록 행정적 지원 등 필요한 지원을 할 수 있다.
 ⑥ 교육부장관과 교육감은 학생맞춤통합지원을 효과적으로 수행하기 위하여 필요한 경우 교육장과 학교의 장이 교육부령으로 정하는 운영방법·절차 등에 따라 제1항 각 호의 지원사업을 통합하여 실시하게 할 수 있다.
제12조(학생별 지원·관리 등) ① 교육감, 교육장 및 학교의 장은 학생맞춤통합지원이 효과적으로 이루어질 수 있도록 다음 각 호의 업무를 수행한다.

1. 지원대상학생의 복합적 특성에 따른 학생맞춤통합지원 제공 계획 수립
 2. 지원대상학생에 대한 경제적·심리적·정서적 지원과 학습지원 등의 연계·제공
 3. 지원대상학생의 변화 및 성장 정도에 대한 지속적 확인 및 관찰·관리
 ② 교육감은 시·도지원센터, 지역지원센터 및 대통령령으로 정하는 기준에 따른 전문인력 및 시설 등을 갖춘 기관·단체 등을 지원대상학생에 대한 학생별 지원·관리를 위한 위탁기관으로 지정할 수 있다.
 ③ 교육감, 교육장 및 학교의 장은 제2항에 따라 지정된 위탁기관에 제1항에 따른 업무의 일부 또는 전부를 위탁할 수 있다.
 ④ 교육감은 위탁기관이 해당 업무를 수행하는 데 필요한 예산의 일부 또는 전부를 지원할 수 있다.
 ⑤ 교육감은 제2항에 따른 위탁기관이 다음 각 호의 어느 하나에 해당하는 경우에는 그 지정을 취소할 수 있다. 다만, 제1호에 해당하는 경우에는 그 지정을 취소하여야 한다.
 1. 거짓이나 그 밖의 부정한 방법으로 지정을 받은 경우
 2. 제2항에 따른 지정기준에 적합하지 아니하게 된 경우
 3. 제13조제3항을 위반하여 정당한 사유 없이 시정명령을 이행하지 아니한 경우
 4. 업무수행능력이 현저히 부족하다고 인정되는 경우
 ⑥ 교육감은 제5항에 따라 위탁기관의 지정을 취소하려면 청문을 하여야 한다.
 ⑦ 제2항에 따른 위탁기관의 지정 및 제5항에 따른 지정 취소, 제3항에 따른 업무의 위탁 등에 필요한 사항은 대통령령으로 정한다.

제13조(업무의 지도·감독 등) ① 교육감은 제12조제3항에

따른 위탁업무 수행의 적절성 등을 확인하기 위하여 같은 조 제2항에 따른 위탁기관을 지도·감독하고, 필요하다고 인정하는 경우에는 그 업무와 회계 및 재산에 관한 사항을 보고하게 하거나 소속 공무원에게 해당 기관의 장부·서류·시설과 그 밖의 물건을 검사하게 할 수 있다.
② 교육감은 제1항에 따른 지도·감독 또는 검사 결과 위법하거나 부당한 사실을 발견한 경우에는 해당 위탁기관에 그 시정을 명할 수 있다.
③ 제2항에 따른 시정명령을 받은 위탁기관의 장은 정당한 사유가 없으면 지정된 기간에 그 사항을 이행하여야 한다.
④ 제1항에 따라 지도·감독 또는 검사를 하는 공무원은 그 권한을 나타내는 증표를 지니고 이를 관계인에게 내보여야 한다.

제14조(연수) ① 교육부장관 및 교육감은 교원 등의 학생맞춤통합지원업무 및 개인정보 보호·관리 전문성을 높이기 위한 연수를 정기적으로 실시하여야 한다.
② 국가 및 지방자치단체는 제1항의 교원 등에 대한 연수 비용의 전부 또는 일부를 지원할 수 있다.
③ 제1항 및 제2항에 따른 연수의 시기, 방법 등 연수에 필요한 사항은 대통령령으로 정한다.

제15조(학생맞춤통합지원 협력체계의 구축) ① 교육감은 학생맞춤통합지원의 통합적·효율적 운영을 위하여 특별시장·광역시장·특별자치시장·도지사·특별자치도지사(이하 "시·도지사"라 한다)와 협의를 거쳐 시·도지사, 시장·군수·구청장(자치구의 구청장을 말한다. 이하 같다), 「아동복지법」 제45조에 따른 아동보호전문기관, 「청소년복지지원법」 제29조에 따른 청소년상담복지센터, 의사, 변호사 등 지역사회 기관과 전문가들이 참여하는 협력체계를 구축·운영할 수 있다.

② 교육감이 제1항에 따른 협력체계를 구축할 때에는 다음 각 호의 사항을 고려하여야 한다.
1. 「아동복지법」에 따른 보호대상아동에 대한 보호조치 및 아동학대의 예방·방지와 아동에 대한 지원
2. 「청소년복지 지원법」에 따른 청소년복지를 위한 지원과 위기청소년 등에 대한 지원
3. 그 밖에 대통령령으로 정하는 사항
③ 제1항에 따른 협력체계의 구성·운영에 필요한 사항은 해당 시·도의 조례로 정한다.

제16조(학교 밖 청소년에 대한 학업복귀 지원) ① 교육감은 「학교 밖 청소년 지원에 관한 법률」 제2조제2호에 따른 학교 밖 청소년(이하 "학교 밖 청소년"이라 한다)의 학업복귀를 위하여 다음 각 호의 사항을 지원할 수 있다.
 1. 학교 밖 청소년에 대한 학력인정
 2. 학교 복귀를 희망하는 학교 밖 청소년에 대한 재취학, 재입학, 진학 등 지원 및 학교 적응프로그램 운영 지원
 3. 그 밖에 학교 밖 청소년의 학업복귀에 필요한 사항
② 교육감은 제1항에 따른 학업복귀 지원에 필요한 경비를 「학교 밖 청소년 지원에 관한 법률」 제12조에 따른 학교밖청소년 지원센터 등에 예산의 범위에서 지원할 수 있다.
 ③ 교육감은 제1항 및 제2항에 따른 학업복귀 지원 등의 결과를 대통령령으로 정하는 바에 따라 매년 교육부장관을 거쳐 여성가족부장관에게 통보하여야 한다.

제4장 학생맞춤통합지원 등을 위한 정보의 관리 및 공유 등

제17조(학생맞춤통합지원정보시스템의 구축·운영) ① 교육부장관과 교육감은 학생의 전인적 성장과 교육받을 권리 향상

을 위한 학생맞춤통합지원을 실시하고 지원대상학생 발견, 지원 등 업무의 효율적 처리 및 통합관리를 위하여 다음 각 호의 시스템을 연계·활용하여 학생맞춤통합지원정보시스템(이하 "정보시스템"이라 한다)을 구축·운영할 수 있다.
 1. 「초·중등교육법」 제30조의4에 따른 교육정보시스템
 2. 「사회보장기본법」 제37조제2항에 따른 사회보장정보시스템
 3. 「사회보장급여의 이용·제공 및 수급권자 발굴에 관한 법률」 제24조의2에 따른 사회서비스정보시스템
 4. 「아동복지법」 제15조의2에 따른 아동통합정보시스템
 5. 「청소년복지 지원법」 제12조의2에 따른 위기청소년통합지원정보시스템
② 교육부장관과 교육감은 학생맞춤통합지원에 필요한 정보로서 다음 각 호의 어느 하나에 해당하는 정보를 정보 시스템을 통하여 수집·보유·관리할 수 있으며, 중앙행정기관의 장, 지방자치단체의 장, 관계 기관 및 단체의 장 등에게 필요한 정보의 제공을 요청할 수 있다. 이 경우 요청을 받은 기관 및 단체의 장은 정당한 사유가 없으면 그 요청에 따라야 한다.
 1. 제2조제1호 각 목에 따라 학생에게 지원한 이력 정보
 2. 지원대상학생에 대한 인적사항, 학적사항 및 출결상황에 관한 정보
 3. 제11조제1항에 따른 학생맞춤통합지원 등에 필요한 정보
 4. 제12조제2항에 따른 위탁기관이 보유한 정보
 5. 제16조에 따른 학교 밖 청소년 지원에 관한 정보
 6. 제18조제3항에 따라 교육감이 수집·연계·가공한 정보
 7. 「아동복지법」 제22조의2제3항에 따라 보건복지부장관과 지방자치단체의 장이 공유하는 학대피해 우려가 있는 아동에 대한 정보
 8. 「사회보장급여의 이용·제공 및 수급권자 발굴에 관한 법률」 제2조제1호의 사회보장급여 중 아동 관련 정보
 9. 「주민등록법」에 따른 주민등록 자료 또는 정보

10. 「가족관계의 등록 등에 관한 법률」에 따른 가족관계등록 자료 또는 정보
11. 그 밖에 대통령령으로 정하는 학생맞춤통합지원 관련 업무 수행에 필요한 정보
③ 정보시스템을 효율적으로 운영하기 위하여 필요한 경우에는 대통령령으로 정하는 바에 따라 교육부장관과 교육감 또는 둘 이상의 교육감이 공동으로 정보시스템을 통합하여 구축·운영할 수 있다.
④ 교육부장관과 교육감(둘 이상의 교육감이 공동으로 정보시스템을 통합하여 구축·운영하는 경우를 포함한다. 이하 이 조에서 같다)은 정보시스템의 구축·운영에 관한 업무를 전문기관에 위탁할 수 있으며, 이에 필요한 경비의 전부 또는 일부를 지원할 수 있다. 이 경우 위탁업무의 범위 및 수탁기관에 대한 관리·감독 등에 관한 사항은 대통령령으로 정한다.
⑤ 교육부장관과 교육감은 정보시스템 구축·운영의 전 과정에서 개인정보 보호를 위하여 필요한 시책을 수립·시행하여야 한다.
⑥ 교육부장관과 교육감은 학생의 전인적 성장과 교육받을 권리 향상을 위한 학생맞춤통합지원을 효과적으로 수행하기 위하여 제2항 각 호의 정보를 처리하는 학교, 교육행정기관, 시·도지원센터, 지역지원센터, 제12조 제2항에 따른 위탁기관과 필요한 정보연계를 위한 조치를 할 수 있으며, 이 경우 해당 기관 및 단체는 연계 목적의 범위에서 연계된 정보를 이용할 수 있다.
⑦ 정보시스템을 통하여 수집·보유·관리되는 개인정보는 학교, 교육행정기관, 시·도지원센터, 지역지원센터, 제12조제2항에 따른 위탁기관에서 학생맞춤통합지원 업무를 담당하는 사람 중 해당 기관의 장으로부터 개인정보 취급승인을 받은 사람만 취급할 수 있다.
⑧ 그 밖에 정보시스템의 구축·운영, 제2항 및 제5항부터 제

7항까지에서 정한 기관별 이용 가능한 정보의 범위 및 권한 지정, 보유기간, 개인정보 취급승인의 절차, 보안교육 등에 필요한 사항은 대통령령으로 정한다.

제18조(정보의 요청 및 활용) ① 교육감은 지원대상학생 및 학교 밖 청소년(이하 이 조에서 "지원대상학생등"이라 한다)을 조기에 발견하고 지원하기 위하여 필요한 경우 관계 중앙행정기관의 장, 지방자치단체의 장, 관계 기관 및 단체의 장 등에게 대통령령으로 정하는 바에 따라 제17조제2항에 따른 정보의 제공을 요청할 수 있다. 이 경우 요청을 받은 기관 및 단체의 장은 정당한 사유가 없으면 이에 협조하여야 한다.
 ② 교육장 또는 학교의 장은 지원대상학생등에 대한 학생맞춤통합지원을 위하여 필요한 경우 대통령령으로 정하는 바에 따라 해당 시·도의 교육감을 통하여 제1항에 따른 정보의 제공을 요청할 수 있다.
 ③ 교육감은 학생맞춤통합지원의 효율적인 실시에 활용하기 위하여 제17조에 따라 제공받은 정보와 관할 구역의 교육장 및 학교의 장이 보유·관리하고 있는 정보를 수집하여 연계·가공할 수 있다.
 ④ 교육감은 제17조에 따라 제공받은 정보와 제1항 및 제3항에 따라 수집·연계·가공 및 제공받은 정보를 학생맞춤통합지원의 효율적인 실시에 이용하기 위하여 교육장 또는 학교의 장에게 제공할 수 있다.
 ⑤ 교육감, 교육장 및 학교의 장은 제1항·제2항 및 제4항에 따라 제공받은 정보를 안전하게 관리하여야 한다.
 ⑥ 교육감은 제5항에 따라 교육장 및 학교의 장이 제공받은 정보를 안전하게 관리·감독하는 데 필요한 행정적·재정적 지원을 할 수 있다.
 ⑦ 그 밖에 지원대상학생등에 대한 정보의 요청 및 활용에 관한 사항은 대통령령으로 정한다.

제5장 보칙

제19조(권한의 위임·위탁) ① 교육부장관 또는 교육감은 이 법에 따른 권한의 일부를 대통령령으로 정하는 바에 따라 교육감, 교육장, 또는 학교의 장에게 위임할 수 있다.
② 이 법에 따른 교육부장관 또는 교육감의 업무는 그 일부를 대통령령으로 정하는 바에 따라 관련 기관·법인이나 단체에 위탁할 수 있다.

부칙 <제20671호,2025. 1. 21.>
제1조(시행일) 이 법은 공포 후 1년이 경과한 날 이후 최초로 시작되는 학년도부터 시행한다.
제2조(법 시행을 위한 준비행위) 교육부장관 및 교육감은 이 법이 공포된 날부터 학생맞춤통합지원정보시스템과 협력체계의 구축, 그 밖에 이 법 시행을 위하여 필요한 준비행위를 할 수 있다.

지은이 이경미

초판인쇄 2025년 10월 30일
초판발행 2025년 10월 30일
책발행인 박주호
책내는곳 J-production
등록번호 630-15-01992

ⓒ 학생맞춤통합교육의 이론과 실제
ISBN 979-11-989895-0-5
책값 2만원

※저자와 출판사의 허락없이 책의 전부 또는 일부 내용을 사용할 수 없습니다.